고린도전후서(성경, 이해하며 읽기)

Reading in understanding the Bible

고린도전후서(성경, 이해하며 읽기)

발 행 | 2022년 12월 1일
저 자 | 장석환
펴낸이 | 장석환
펴낸곳 | 도서출판 돌계단
출판사등록 | 2022.07.27(제393-2022-000025호)
주 소 | 안산시 상록구 이동 삼태기2길 4-16
전 화 | 031-416-9301
이메일 | dolgaedan@naver.com

ISBN | 979-11-979752-5-7

https://blog.naver.com/dolgaedan
ⓒ 고린도전후서(성경, 이해하며 읽기) 2022

고린도전후서

장석환 지음

CONTENT

성경, 이해하며 읽기 시리즈를 시작하며.

성경은 하나님의 음성입니다.
말씀에는 하나님의 뜻(지)과 마음(정)과 의지(의)가 담겨 있습니다.
마음과 의미가 전달되지 않는 대화가 무의미하듯이
성경을 이해하지 않고 읽으면 성경을 읽는 것이 아닙니다.
뜻을 이해하며 읽으면 마음이 전달됩니다.
마음이 전달되면 행할 힘과 용기도 심어집니다.

모든 사람이 성경을 이해하며 읽을 수 있도록
너무 많지도 않고 적지도 않은 설명이 필요하다 생각하였습니다.
디자인을 포기하고
책 크기와 글씨 크기를 크게 하였습니다.

성경을 조금 더 능동적으로 읽으십시오.
하나님께서 왜 이런 말씀을 하셨을지를 생각하면서 읽어야 합니다.
그래서 짧은 주석 형식으로
구절 설명과 의미를 전달하고자 하였습니다.
단어의 의미와 문맥의 의미 그리고 배경 문화를 설명하였습니다.
능동적으로 생각하면서 읽으면
성경이 살아 움직이는 것을 느낄 것입니다.

매일 말씀을 준비하고 잠자리에 들때마다
가슴이 벅차서 잠이 제대로 오지 않았던 적이 많습니다.
설교를 들었던 믿음의 공동체와 내가 읽은 수많은 책의 저자들 모두
공동 저자입니다.
이 책이 하나님을 실제적으로 만나는 행복의 통로가 되기를

하나님께 영광되기를 기도합니다.

고린도전서

서론

성경과 함께 읽으십시오. 성경을 읽어 가면서 해당 구절 설명을 읽어야 좋습니다.

1. 특징

바울이 고린도 교회에 보낸 편지다. 고린도는 로마 제국에서 2 번째로 큰 도시였다. 약 70 만명의 인구가 살았는데 노예가 자유인보다 더 많았다. 매우 부유한 도시였으며 성적으로 타락하고 부도덕한 문화를 가지고 있었다.

고린도 교회는 바울이 18 개월이나 머물며 개척한 교회다. 그러나 바울이 가장 힘들어 했던 곳이기도 하다. 고린도전서는 고린도 교회의 9 가지 문제를 다루고 있다. 자신이 생각한 4 가지 문제와 교회가 질문한 5 가지 문제에 대한 답으로 되어 있다.

주후 55 년경에 기록되었다. 상당히 일찍 기록된 성경 중에 하나다.

2. 유명한 구절

고린도전서에 나타난 고린도 교회를 떠올리면 오늘날 사람들은 주로 무엇을 생각할까? 은사를 많이 생각할 것 같다.

고린도교회는 은사에 대한 오해가 심각한 문제 중에 하나였고 바울은 그것의 해결로 '사랑'을 말한다. 그래서 유명한 사랑 장(13장)이 나온다. 고린도교회의 본질적 문제였던 성공주의와 다른 모든 문제의 해결책으로는 부활을 말한다.

고린도전서의 핵심은 사랑장이 아니라 부활장(15장)이다. 부활을 잘 알 때 모든 문제가 근본적으로 해결된다.

1장

서론(1:1-9)

바울이 고린도 교회에 편지로 전하는 내용의 서론. 편지이기 때문에 편지 쓰는 사람(1 절), 수신자(2 절), 인사말(3 절)이 나온다. 그리고 하나님께 감사(4 절-9 절)로 되어 있다.

1:2 고린도에 있는 하나님의 교회. 고린도 교회가 수신자다. 교회를 꾸미는 형용사 역할을 하는 것이 2 개가 나온다. '**거룩하여지고**' '**성도라 부르심을 받은**'이다. '거룩'과 '성도'는 어근이 같다. 비슷한 의미다. 오늘날 교회에서 '성도'라 하면 보통 직분이 없는 사람을 부르는 호칭처럼 많이 사용하지만 사실 이 단어는 복수형이다. 한자는 '거룩한

무리'다. 성도라고 부를 때 항상 복수형으로 사용한다. 이 단어는 교회의 본질에 대한 설명이다.

교회를 생각하면 무엇이 생각나는가? '십자가' 좋다. 또 무엇이 생각나는가? 우리는 사도신경에서 '거룩한 공회'를 믿는다고 늘 고백한다. 교회의 본질은 '거룩'이다. 우리들이 생각할 때, 외부 사람들이 생각할 때도 교회를 생각하면 '거룩'이 생각나야 한다. 거룩이 교회의 가장 큰 특징이어야 한다. 거룩은 신분의 거룩과 삶의 거룩을 모두 포함한다. 신분의 거룩 만을 말하는 경우가 있는데 그것은 어리석은 주장이다. 신분이 거룩한 사람이 어찌 삶이 거룩하지 않을까? 삶이 거룩하지 않은 사람을 어찌 신분이 거룩하다 할 수 있을까? 신분의 거룩과 삶의 거룩은 하나다.

고린도전서의 인사에서 어떤 서신의 인사에서보다 더 많이 나오는 단어가 있다. '주'라는 단어다. 교회는 '예수님을 주로 고백하는 사람들'이다. 그래서 거룩하다. 예수님을 주로 고백하는 사람이 어찌 삶이 예수님을 닮지 않을 수 있을까? 삶이 거룩하지 않은 사람이 진정 예수님을 주로 받아들인 사람일까?

1:3 예수 그리스도로부터 은혜와 평강. 하나님으로부터 주어지는 '은혜와 평강'은 거룩한 교회에 임한다. 그들이 거룩하지 않고 세상을 닮아 있으면 그들에게 은혜와 평강이 임하는 일은 없을 것이다. 오늘날 신앙인들에게 은혜와 평강이 없다면 그들이 거룩하지 않기 때문이다. 거룩을 잃어버렸기 때문이다. 거룩하지 않은 교회는 본질을 잃어버린 사람들이다. 거룩하지 않은 교회는 없다. 거룩하지 않으면 가짜 교회다.

1:5-6 너희 중에 견고하게 되어. 바울은 고린도 교회 안에 있는 확실한 믿음을 보았다. 그가 전한 '그리스도에 대한 증거'가 고린도 교회에 '견고하게' 자리 잡은 것을 보았다. 그리스도를 아는 지식과 언변이 풍족하다는 것을 알았다. 그래서 감사하였다. 그는 자신이 세운 고린도 교회가 그렇게 믿음에서 확실하게 자라가고 있다는 것을 감사하게

생각하고 있었다. 바울의 '감사'는 조금 의아하다. 이후에 전개될 고린도 교회에 대한 이야기에서 교회 안과 밖의 문제에 대해 심각하게 책망하기 때문이다. 이후에 전개되는 이야기를 보면 바울은 교회의 모습 때문에 창피하게 생각한다. 심각하게 책망한다. 그런데 바울은 어떻게 고린도 교회를 이렇게 칭찬하며 감사할 수 있을까?

1:7 너희가 주 예수 그리스도의 나타나심을 기다림이라. 거룩을 향한 방향이 잘 설정되어 있다. '기다림'은 '열렬히 기다림'으로 번역하는 것이 더 좋다. 고린도 교회가 그리스도의 재림을 열심히 기다리고 있었다. 물론 그들은 아직 많이 부족하였다. 그리스도의 주님 되심보다는 자신이 여전히 주인인 면이 많이 있어서 세상의 가치관을 따라 가는 것이 많이 있었다. 그러나 그들은 예수님의 재림을 열렬히 기다리고 있었다. 고린도전서에는 가장 유명한 내용으로 사랑장이라 불리는 13장이 있다. 그런데 고린도전서에서 더 중요한 내용이 있는데 부활장이라 불리는 15장이다. 방향은 무엇보다 중요하다. 신앙생활 하면서 우리는 부족한 것이 많다. 그러나 방향이 맞는다면 미래에 조금 더 바뀔 것이다.

1:8 그리스도의 날에 책망할 것이 없는 자로 끝까지 견고하게 하시리라. 재림을 기다리는 사람은 '책망할 것이 없는 자'의 삶을 추구한다. 재림을 기다리는 사람은 영원한 존재인 것을 아는 사람이다. 오늘 아무렇게나 살다가 죽으면 끝인 것이 아니다. 오늘 우리의 삶은 영원히 기억되는 삶이다. 우리가 영원히 살기 때문이다. 그래서 주님 오실 때까지 더욱 주님을 닮은 모습으로 바꾸고 아름다운 사람이 되기 위해 힘을 다해야 한다. 바울은 고린도전서에서 그들이 바꾸어야 하는 것을 구체적으로 말한다.

1:10-4:21 본론의 시작. 첫 번째 문제. 분쟁에 대한 이야기.
고린도 교회의 분쟁의 근본적인 문제점으로 세상 지혜와 힘을 따라가는 육적인 신앙(기복주의)에 대해 이야기한다.

1:10 너희 가운데 분쟁이 없이 같은 마음과 같은 뜻으로 온전히 합하라. 고린도 교회에 '분쟁'이 있었다. 본론의 첫 이야기가 분쟁에 대한 이야기인 것을 보면 고린도 교회에 분쟁이 심각한 문제였던 것으로 보인다.

1:12 나는 바울에게, 나는 아볼로에게, 나는 게바에게, 나는 그리스도에게. 당파를 지어 서로 소모적인 경쟁을 하고 있었던 것으로 보인다. 그러한 당파 짓는 것이 당시의 문화이기도 하였다. 그들은 당대의 유명한 사람에 줄을 서서 마치 자신이 그렇게 유명한 사람인 것처럼 잘난 체하는 문화가 있었다.

'나는 바울에게 속한 자라'는 것은 바울의 가르침을 따른다는 것이다. 그것은 나쁜 것이 아니다. 그런데 문제는 그렇게 따르는 것이 파당을 만들어 다른 이들을 배척하는 결과를 낳았기 때문이다. 그렇게 사람에게 줄을 서는 것은 하늘의 복음을 땅의 것으로 전락시키는 결과를 낳는다. 땅에 속한 사람에게 집중하는 것은 결국 그들을 하늘이 아니라 땅에 매이게 한다. 자기 자신에게 매이게 만든다.

'나는 그리스도에게 속한 자라'는 말은 좋은 말 같다. 그런데 사실 그리스도에게 속한 것만이 아니라 누군가를 스승으로 여기고 따른다는 것은 좋은 일이다. 그러나 그것이 설령 그리스도를 스승으로 두는 것조차도 다른 이들을 배척하는 분쟁이 된다면 나쁜 일이다. 땅에 속한 일이다. 바울과 아볼로와 게바와 그리스도 모두 하나다. 모두를 따라야 한다. 모두 그리스도를 전한 것이기 때문이다. 오늘날 우리가 마태파, 마가파, 누가파, 요한파가 있으면 안 되고 마태, 마가, 누가, 요한 복음 모두를 받아들이고 배워야 하는 것과 같다.

1:13 그리스도께서 어찌 나뉘었느냐. 교회는 그리스도의 몸인데 어찌 몸 안에서 서로를 대적할 수 있겠는가? 달라도 대적하는 것이 아니라 서로 조화를 이루어야 한다. **바울이 너희를 위하여 십자가에 못 박혔느냐.** 바울이 헌신적으로 교회를 세우고 섬긴 것을 아는 사람들이 바울파를 형성하고 바울의 희생과 헌신을 강조하였다. 그러나 바울은 자신의

희생과 헌신을 강조한 적이 없다. 복음은 오직 그리스도의 십자가를 말한다. 그것을 위해 바울이 희생과 헌신을 한 것이다. 바울이 십자가에 못 박힌 것이 아니다. 모든 이들은 그리스도의 대속에서 하나가 된다. 그리스도 외에는 어떤 대속도 없다. **바울의 이름으로 너희가 세례를 받았느냐.** 오직 삼위일체 하나님의 이름으로 세례를 받는다. 누가 세례를 주었는지는 중요하지 않다. 세례 준 사람이 중요한 것이 아니라 그들이 세례 받은 이름이 중요하다. 오직 모든 신앙인은 삼위일체 하나님의 이름으로 세례를 받는다. 어느 누가 세례를 주든 마찬가지다. 오직 그리스도의 권위로 세례를 받는다. 사람의 권위가 아니다. 그래서 완전히 가짜인 이단이 아닌 이상 다른 교단의 세례는 유효하다. 윤리가 엉터리인 목사가 준 세례조차도 유효하다.

1:14 내가 세례를 베풀지 아니한 것을 감사하노니. 세례를 베푼 사람이 많으면 그것으로 또 파당을 이루는 이유가 될까 봐 오히려 자신이 세례를 조금 베푼 것이 감사한 일이라고 말한다.

1:17 나를 보내심은 복음을 전하게 하려 하심이로되. 바울은 세례라는 중요한 것조차 복음을 희석시키는 것이 되어서는 안 된다고 말한다. **그리스도의 십자가가 헛되지 않게 하려 함이라.** 아무리 중요한 것 같이 보여도 만약 그것 때문에 '그리스도의 십자가가 헛되게 되는 것'같으면 빨리 멈추어야 한다. 어떤 것도 그리스도의 십자가를 헛되게 할 만큼 중요한 것은 없다.

고린도 교회가 분열되어 있었다. 서로 잘났기 때문이었다. 서로 높아지려 하였다. 자신의 성향에 따라 자신들의 선생을 정하고 그것으로 나뉘었다. 자신들이 최고라고 주장하였다. 바울이 진단한 그들을 위한 처방전은 십자가 메시지였다.

1:18 십자가의 도. 십자가가 담고 있는 메시지 또는 십자가를 통해 전해지는 메시지라는 의미다. 십자가는 사형도구다. 무력함, 비참함이다.

십자가에서 죽으신 구원자 그리스도는 그를 믿지 않는 사람에게는 참 기괴한 이야기다. 말도 안 되는 주장이다. 그러나 믿음을 가진 사람에게는 '하나님의 능력'이다.

오직 십자가를 통해서만 세상이 구원받는다. 세상을 구원할 수 있는 능력은 오직 십자가를 통해서다. 십자가를 통하지 않는 이에게는 결코 구원이 없다. 오직 십자가에 구원이 있다. 십자가만이 사람들을 구원하는 능력이 된다. 예수님이 죽으신 십자가는 능력이 없어 죽임을 당한 불쌍한 이야기가 아니다. 능력이 있으셔서 죽으신 이야기다. 오직 십자가를 통해 사람들을 구원하는 능력이 나타난다. 십자가는 가장 능력이 없는 자리인 것 같으나 실상은 가장 능력이 드러나는 자리다.

1:20 세상의 지혜. 세상에는 수많은 현자, 학자, 변론자가 있다. 그러나 그들이 사람들을 구원할 수 있을까? 그들은 구원한다고 말하지도 않는다. 구원할 수도 없다. 다른 사람들보다 더 지혜로운 것 같으나 구원이라는 절대 문제 앞에서는 절대 무능만 드러낼 뿐이다.

1:21 이 세상이 자기 지혜로 하나님을 알지 못하므로. 세상의 과학을 보라. 우주의 기원론을 많이 연구하여도 결국 창조주를 알지 못한다. 수많은 철학자를 보라. 그들은 하나님을 알지 못한다.

하나님을 아는 지식은 오직 '설교'를 통해서다. **전도의 미련한 것으로 믿는 자들을 구원하시기를 기뻐하셨도다.** '전도'는 우리가 흔히 생각하는 노방전도나 전도지를 나누어 주는 전도 등을 의미하지 않는다. '설교'를 의미한다. 이 단어는 방법을 말하는 것이 아니다. 내용을 의미한다. 십자가라는 말도 안 되는 내용을 전하는 설교를 통해 사람들이 구원의 방식을 알게 되고 구원의 길을 알게 된다. 그것이 하나님께서 정하신 구원의 길이다. 구원에 이르는 지혜다.

'전도'라는 방식을 통해 부요해지고 높아지는 아이러니한 시대에 살고 있다. 십자가의 메시지는 낮아지고 자기를 죽이는 것이 하나님의 능력이 나타나고 지혜가 드러나는 길이라고 말한다. 그러나 교회 현장에서는 고린도 교인들처럼 높아지는 길을 선택하는 경우가 많다. 전도라는 방식을 통해 자기 교회만 부요해지는 길을 선택한다. 탐욕에 찌든 전도가 되면 안 된다.

1:22 표적...지혜. 유대인들은 '표적'을 통해 진리임을 확인한다. 헬라인은 '지혜'를 통해 진리임을 확인한다. 그런데 기독교인은 무엇을 통해 진리를 확인해야 할까?

1:23 십자가에 못 박힌 그리스도. 하나님은 유대인들에게도 더 이상 표적을 주지 않으신다. 모든 표적의 완성판으로 '십자가'가 주어졌기 때문이다. 모든 지혜의 완성판으로 '십자가 메시지'가 주어졌다. 그러기에 기독교인이 무엇이 옳은 지 판단하고자 한다면 그것이 십자가에 못 박힌 그리스도를 잘 드러내는지 그렇지 않은지를 통해 보아야 한다.

1:24 오직 부르심을 받은 자들에게는. 부름을 입은 참된 신앙인에게 십자가의 예수님은 결코 미련한 것이 아니다. 그가 유대인 이든 헬라인 이든 상관없다. 신앙인은 그리스도가 하나님의 능력이요 지혜인 것을 알 것이다.

1:25 하나님의 어리석음이 사람보다 지혜롭고. 사람들이 보기에 십자가는 분명히 손해보는 것 같다. 그러나 하나님의 지혜를 믿어야 한다. 십자가의 낮아짐이 하나님의 능력이 되고 지혜가 된다는 사실은 오늘날에도 여전히 유효하다. 이것을 경험하지 못하 사람은 신앙의 길에서 벗어난 것이요 이것을 경험하는 사람이 신앙의 길을 걷고 있는 사람이다. 십자가의 능력과 지혜를 경험하고자 하고 경험하는 신앙인이 되어야 하다.

1:26 너희를 부르심을 보라. 고린도 교인들이 무엇 때문에 지금 구원의 자리에 있게 되었는지를 생각해 보라는 것이다. 육체를 따라 된 것이 아님을 말한다. 그런데 사람들이 육체를 따라가곤 한다. **지혜로운 자가 많지 아니하며 능한 자가 많지 아니하며 문벌 좋은 자가 많지 아니하도다.** 지혜로운 사람, 능력이 있는 사람, 집안이 좋은 사람은 세상에서 사람들이 추앙하는 것이다. 물론 고린도 교회에 이런 사람들도 있었다. 그러나 그들이 다수는 아니다. 교회 안에 그러한 이들이 다수가 아니라는 것은 구원을 얻은 것이 세상 사람들이 좋아하는 그러한 것으로 된 것이 아니라는 것을 의미한다. 그런데 여전히 교회에서 그런 것을 추구하고 있다면 그것은 이율배반이다. 구원을 가장 중요한 것으로 말하면서도 실제로는 구원에 이르게 한 것이 아니라 세상의 지혜와 능력과 집안을 따지고 있으면 그것은 철저히 믿음과 반대의 위치에 있는 것이다.

1:27 세상의 미련한 것들을 택하사 지혜 있는 자들을 부끄럽게 하려 하시고. 세상의 지혜라는 것은 사실 진정한 지혜가 아니다. 어떤 세상의 지혜도 하나님의 지혜에 비교될 수 없다. 하나님은 사람들에게 십자가 지혜를 제시하셨다. 세상의 지혜와 힘은 많은 노력을 기울여도 어렵다. 그러나 십자가 지혜와 힘은 더 갖는 것이 아니라 더 내려놓는 것이기 때문에 누구나 가능하다. 그래서 모든 사람에게 열려 있다.
고린도 교회가 리더의 이름에 줄 서고 자신의 지혜와 능력을 내세웠다. 높아지고자 하였다. 이것은 오늘날도 마찬가지다. 교난을 내세우고 유명한 교회나 목회자를 내세우고 줄을 선다. 그곳에서 자신들의 지혜와 힘을 자랑한다. 그러나 진정 신앙인이라면 교단이든 교회이든 목회자이든 십자가 지혜와 힘을 따라가야 한다. 높아지는 것이 아니라 낮아져야 한다.

1:29 하나님 앞에서 자랑하지 못하게. '자랑'은 고린도전서의 주요한 주제이다. 세상 사람들은 사람들이 부러워하는 지혜와 돈과 배경을 가지고 있으면 부러워한다. 그러나 신앙인은 그것을 부러워하지 말아야 한다. 자랑하지 말아야 한다. 자랑할 것이 못된다.

1:30 예수는...우리에게 지혜와 의로움과 거룩함과 구원함. 예수님을 자랑해야 한다. 그것이 자랑스러워야 한다. 기쁨이어야 한다.

1:31 기록된 바. 말씀을 인용하는 것이다. "자랑하는 자는 이것으로 자랑할지니 곧 명철하여 나를 아는 것과 나 여호와는 사랑과 정의와 공의를 땅에 행하는 자인 줄 깨닫는 것이라 나는 이 일을 기뻐하노라 여호와의 말씀이니라"(렘 9:24)을 의미한다. 예레미야에서는 신앙인이 자랑해야 할 목록을 말한다. '나를 아는 것과 여호와는 사랑과 정의와 공의를 땅에 행하는 자라는 사실을 아는 것'이다. 사람들이 하나님을 안다고 말한다. 그러나 하나님은 매우 크고 높고 놀라우신 분이다. 하나님을 아는 내용이 매우 적다. 하나님을 더 알아야 한다. 최소한 성경에서 하나님께서 어떤 분인지 말씀하고 있는 것을 더 알기 위해 성경을 알아야 한다. 실제적으로 하나님께서 '사랑과 정의와 공의'를 어떻게 행하시는 지를 삶에서 알아야 한다. 사랑과 정의와 공의를 행하면서 그 안에 하나님께서 임재하시는 것을 알게 됨으로 하나님을 알게 된다. 하나님을 아는 것을 자랑하는 사람을 별로 보지 못했다. 목회자는 자신이 섬기는 교인의 숫자를 자랑한다. 그런데 자신이 하나님을 얼마나 알고 있는지에 대해서는 자랑하지 않는다. 말씀을 얼마나 알고 있는지에 대해서는 자랑스럽게 생각하지 않는다. 교인의 숫자와 행사에 대해서는 이야기하면서 성경 말씀에 대해서는 이야기하지 않는다.

주 안에서 자랑하라. 주 안에서 부자가 되었고 교회가 부흥했다는 것을 자랑하라는 말씀이 아니다. 예레미야 말씀대로 하나님을 얼마나 알고 있는지, 하나님의 사랑과 정의와 공의를 따라 어떻게 살았는지를 자랑하라고 말씀하고 있다. 최소한 그것을 마음에 뿌듯하게 생각해야 한다. 생각만 해도 배가 불러야 한다. 그것이 자랑이다. 그런데 세상의 것을 자랑하는 마음이 가득하니 세상의 것만 추구하고 그것이 없으면 낙심한다. 하나님을 자랑하는 마음이 없다. 자긍심이 없다.

자랑은 높은 곳이 아니라 낮은 곳이어야 한다. 자랑스럽게 생각해야 하는 것은 세상의 높은 곳이 아니라 높은 곳에 계신 하나님을 아는 것이어야 한다. 낮아지신 그리스도를 아는 것이다.

2 장

2:1 하나님의 증거를 전할 때. 바울은 자신이 고린도 교회에서 사역하던 때를 회상해 보라고 말한다. 하나님의 말씀, 신비를 전하였다. 세상의 지혜로 하지 않았다. **말과 지혜의 아름다운 것으로 아니하였나니.** 바울은 사람들에게 익숙한 뛰어난 언변이나 화려한 논증으로 설득하지 않았다. 그러한 것이 하나님의 나라를 담을 수 없고 전할 수 없다.

2:2 그리스도와 그가 십자가에 못 박히신 것. 이것이 강조된 문장이다. '화려한 언변과 논증' 그리고 '그리스도와 그가 지신 십자가'가 강조되면서 대조되고 있다. 사람들은 언변과 논증에 익숙하다. 그리스도는 알지도 못하는 사람이고 그가 진 십자가는 더욱더 괴상한 이야기다. 그러나 바울은 그리스도와 그가 지신 십자가를 전하기 워하였다. 사람들에게 익숙하지 않지만 그것이 참으로 놀라운 것이기 때문이다. 그것이 놀라운 일이며 유일한 생명의 길이기 때문이다. 어찌 그리스도와 그리스도의 십자가를 말하지 않고 세상 지혜의 말 장난에 시간을 낭비할 수 있겠는가?

2:3 약하고. 그의 육신이 약하다는 것을 말할 수도 있지만 그가 겪은 어려움이나 태도를 말할 수도 있다. 고린도 도시에는 많은 현인들이 방문하였다. 나름 유명하다고 하는 사람들이 와서 센세이션을 일으키곤 하였다. 그들은 거만한 태도를 취했다. 자신들을 피알하고 매우 위대한 인물인 것처럼 과장하였다. 자신들의 이름을 알리는 것이 중요하였기

때문이다. 바울은 그렇게 거만한 모습이 아니라 약한 모습이었다. **두려워하고 심히 떨었노라.** 이러한 두려움과 떨림은 하나님의 임재를 말하는 것일 수 있다. 구약 성경에서는 하나님께서 임재하실 때 이런 현상이 나타난다. 바울은 자신을 드러내는 거만함과 자신있음이 아니라 하나님의 임재 가운데 소심한 설교가처럼 두렵고 떨림으로 사람들 앞에 섰다. 자기 자신을 드러내는 것이 아니라 놀라운 일을 하고 계시는 하나님을 드러내기를 원하였다.

2:4 바울은 자신의 말이 세상의 **설득력 있는 지혜**가 아니라 하늘의 **성령의 나타나심과 능력**으로 전해지기를 원하였다. 성령이 그를 주장하고 계심을 알기에 그렇게 떨면서 두려움으로 말을 전하였다. 설교하였다.

2:5 **사람의 지혜...하나님의 능력.** 바울은 고린도 교회에 전해진 믿음은 '사람의 지혜'를 기초로 하지 않고 '하나님의 능력'에 기초한 것이 되도록 사역하였노라고 말한다. 사람의 지혜가 때로는 화려하고 좋아 보이지만 사람만큼 나약한 존재가 없다. 사람의 지혜는 언제든 무너지는 모래성이다.

2:6 **온전한 자들.** 1 절에서 말하는 '하나님의 증거(신비)'를 아는 자들을 의미한다. 지금 바울의 편지를 읽는 사람들을 향한 말이기도 하다. 바울은 여전히 세상 지혜에 줄 서 있는 듯한 고린도 교회를 향하여 하나님의 지혜에 대해 말한다.

2:7 **은밀한 가운데 있는 하나님의 지혜.** 신비한 하나님의 지혜는 그동안 '감추어졌던 것'인데 실제로는 '만세 전에 미리 정하신' 것이다. 이 하나님의 지혜는 '못 박힌 구원자'이야기다. 십자가에 못 박힌 구원자는 세상을 구원하기 원하신 하나님의 지혜에서 나왔다. 어찌 그런 일이 있을 수 있을까?

2:8 '못 박힌 구원자'에 대해 상상도 할 수 없었다. 그래서 '이 세대의 통치자들'은 그들이 창조주를 못 박고 있다는 사실은 꿈에도 생각하지 못하고 그렇게 구원자를 못 박았다.

2:9 기록된 바. 이사야 말씀을 인용하였다. "주 외에는 자기를 앙망하는 자를 위하여 이런 일을 행한 신을 옛부터 들은 자도 없고 귀로 들은 자도 없고 눈으로 본 자도 없었나이다" (사 64:4) '주를 앙망하는 자'를 위하여 하나님께서 그들을 구원하시기 위해 놀라운 일을 계획하셨다. 그들의 죄를 대속하기 위한 것이다. 그 계획은 참으로 놀라운 일이다. '이런 일을 행한 신을 옛부터 들은 자도 없고 귀로 들은 자도 없고 눈으로 본 자도 없었나이다'라고 말한다. 너무 놀라운 계획이요 지혜이기 때문에 사람들은 상상도 할 수 없었던 일이다.

2:10 성령으로 이것을 우리에게 보이셨으니. '이것'은 그리스도께서 십자가에 못 박히신 사랑을 말한다. 어찌 창조주께서 십자가에 못 박히실 수 있을까? 그것이 이해되지 않는다. 사람들은 높아지려고 아등바등하고 있다. 위만 바라보기 때문에 낮아지신 예수님의 사랑을 이해하지 못한다. 오직 '성령을 통해' 알 수 있다. 자기의 생각이 아니라 성령의 생각을 들을 수 있어야 한다. 엎드려 자기를 깨트리고 성령의 깨닫게 하심에 자신을 내어드려야 한다.

2:11 하나님의 영 외에는 아무도 알지 못하느니라. 오직 성령을 통해 십자가 사랑을 알 수 있다. 십자가가 하나님께서 계획하신 일이며 그것이 우리를 향한 생명의 길이고 얼마나 중요한 일인지를 오직 성령을 통해 하나님의 마음을 깨달을 수 있다. 성령의 인도하심이 없으면 그것을 알 수 없다.

2:12 우리가 세상의 영을 받지 아니하고. '세상의 영'은 세상의 지혜와 가치관을 의미한다. 세상의 화려한 언변과 힘과 돈이 무엇을 이룰 수

있는 것처럼 생각하고 그것을 좇아간다. 그러나 그것은 아무것도 이루지 못한다. 세상을 창조하시고 구원하시는 '하나님의 은혜로 주신 것들'을 알기 위해서는 오직 '하나님으로부터 온 영을 받는 것'이 중요하다.

2:13 '사람의 지혜'는 결코 십자가 사랑을 가르치지 않고 깨달을 수 없다. 따라갈 수 없다. 오직 '성령께서 가르치신 것'을 들어야 한다. 무엇이 생명의 길이며 우리가 어떻게 십자가 사랑을 좇아가야 하는지 성령의 소리를 들어야 한다. 성령의 소리를 듣지 못하고 육적인 욕심만 채우고자 하는 사람은 결국 영원히 멸망하게 될 것이다.

2:14 **육에 속한 사람은 하나님의 성령의 일들을 받지 아니하나니.** 육적인 일에 관심을 가지고 있는 사람은 결코 '십자가 지는 죽는 삶'을 받아들이지 않을 것이다. 그것이 '어리석게 보이기' 때문이다. 세상에서 더 가져야 하는데 더 내려놓는 것은 참으로 어리석은 일이다.
그것들을 알 수도 없나니. 육에 속한 사람은 십자가 죽음과 그것이 얼마나 중요한 일이며 그 백성이 그 길을 가는 것이 생명의 길이라는 사실을 결코 알 수 없다. 어둠이 빛을 알 수 없는 것과 같다. 그들은 십자가 사랑을 아무리 들어도 그것이 그들이 가야 하는 길임을 알지 못한다. 결코 알 수 없기에 들어도 딴 이야기 같다.

2:15 **신령한 자는 모든 것을 판단하나.** 신령한 이 곧 영적인 사람은 '십자가 사랑'을 이해한다. 그것을 생명처럼 여긴다. 그러나 육적인 사람은 그것을 알지 못한다. **자기는 아무에게도 판단을 받지 아니하느니라.** 육적인 사람은 십자가 사랑을 이해하지 못하기 때문에 영적인 사람이 육적인 사람에게 판단 받을 수 없다는 의미다.
십자가 사랑을 알지 못하는 이들에게 판단 받지 말고 판단하는 사람이 되어야 한다. 십자가 사랑을 알지 못하는 이들을 좇아가는 사람이 아니라 모르는 그들을 긍휼히 여기고 십자가 사랑을 최고로 알고 그것을 간직하고 걸어가는 사람이 되어야 한다. 세상 사람이 아무리 십자가 사랑을 멀리하여도 심지어는 교회 내의 다른 교인이 멀리하여도 진정으로 십자가 사랑을 아는 사람은 그것을 가슴에 품고 그 길을 걸어가야 한다.

2:16 바울은 이사야 말씀을 인용한다. "누가 여호와의 영을 지도하였으며 그의 모사가 되어 그를 가르쳤으랴"(사 40:13) 사람들은 하나님의 마음을 알지 못한다. 사람이 하나님께 가르칠 수 없다. 오직 성령이 함께 하셔서 하나님의 마음을 가르쳐 주시는 영적인 사람만이 '그리스도의 마음'을 알게 되고 가지게 된다. 천지를 창조하시고 우리를 통치하시며 심판하시는 하나님의 마음을 알고 그 길을 걷는 것이 최고의 길이다. 그리스도의 마음을 알고 그 길을 걷는 것이 최고의 길이다. 세상 사람들이 좋아하는 것은 최고의 길이 아니라 선악과의 길이다.

3 장

3:1 **어린 아이들을 대함과 같이 하노라.** 바울은 고린도 교인들이 믿음 안에 있으나 어린 아이와 같은 믿음이라고 말한다. 신앙인이기는 하지만 신앙인의 특징이 나타나지 않기 때문이다.

3:2 **젖으로 먹이고 밥으로 아니하였노니.** '젖'이라 함은 복음을 전함에 있어 아주 기초적인 것을 말한다. 또한 듣기 좋은 것을 의미할 수도 있다. 편하게 받아들일 수 있는 것이다. '밥'은 조금 더 이해가 필요하고 따라가기 어려운 것을 의미한다. 십자가를 따르는 것이요 고난이 수반하는 것을 의미할 것이다. **너희가 감당하지 못하였음이거니와 지금도 못하리라.** 이전에 감당하지 못한 것은 이해된다. 그러나 지금도 감당하지 못하는 것은 안 된다. 믿음은 자라가야 한다. 이제는 감당해야 한다. 아직도 믿음의 특징이 나타나지 않고 세상적인 특징만 나타나면 안 된다. 고린도 교회가 그러한 것처럼 오늘날에도 많은 신앙인이 자라지

못하여 믿음의 특징이 나타나지 않는 경우가 많다. 특히 신앙인다운 모습으로 십자가를 지신 그리스도를 따라가는 모습이 그러하다. 낮아지는 모습은 이제 꼭 드러나야 하는 특징이다.

3:3 아직도 육신에 속한 자로다. 시기와 분쟁이 있으니 육신에 속한 사람의 특징이라고 말한다. 믿음의 사람이 형제인데 서로 시기하여 누군가 잘 되는 것을 기뻐하지 못하고 분쟁하여 자신이 높아지는 것을 더 좋아하는 것을 말한다. 그러한 것은 영적인 사람의 특징이 아니라 육적인 사람의 특징이다.

3:4 나는 바울에게라 하고 나는 아볼로에게라 하니. 사람이 드러나는 것은 육적인 것의 특징이다. 그리스도께서 드러나야 한다. 지도자이든 개인이든 교회는 그리스도가 드러나야 한다. 영적인 사람은 그 사람 안에 성령이 함께하는 사람이다. 그러니 그 사람 안에 있는 성령이 드러나야 한다. 시기와 분쟁이 아니라 사랑과 화평이 드러나야 한다.
육적인 특징을 가지고 사는 기독교인들을 본다. 그들이 가진 육적인 특징은 그들이 육적인 사람이든지 아니면 기독교인인데 아직 어린아이와 같아서 육적인 특징이 드러나든지 하는 것일 거다. 그런데 시간이 지나면 영적인 특징으로 바뀌어야 한다. 여전히 육적인 특징으로 남아 있으면 안 된다.

3:7 자라게 하시는 이는 하나님뿐이니라. 하나님께서 교회 안에서 역사하심을 보아야 한다. 사람들 안에서 그리고 자신 안에서 역사하시는 것을 보아야 한다. 오직 하나님께서 일하신다. 영적인 사람은 하나님 중심적이고 하나님의 뜻을 따라가야 한다.

3:9 우리는 하나님의 동역자들이요. 모두가 목적은 같다. 하나님의 나라와 일이 되게 하는 것이다. 하나님 나라의 열매를 맺는 것이다.

3:10 각각 어떻게 그 위에 세울까를 조심할지니라. 터는 오직 하나 '그리스도'이다. 그리스도의 영광을 위해 그리스도의 뜻을 따라 가는 삶을 살아야 한다. 그런데 그리스도의 뜻을 이루어 간다고 할 때 조심해야 한다. 그리스도를 믿는다고 말하면서도 그 위에 엉터리 것을 세울 수 있다.

3:12 금...은...보석...나무...풀...짚. 행위의 가치를 상징적으로 말하는 것이다. 이 땅을 살아갈 때 교인들의 행위가 다 같아 보인다. 그러나 실제 가치는 많이 다르다. 삶의 가치가 이렇게 다를 수 있다는 것을 알아야 한다.

3:13 각 사람의 공적이 나타날 터인데. 각 사람의 삶의 가치가 드러날 때가 있다. 삶의 가치가 다른데 이 땅에서는 그것이 묻혀 있다. 그래서 사람들은 엉터리 삶을 살면서도 그것을 부끄러워하지 않는다. 신앙인이 십자가를 따라가는 삶을 살아야 하는데 그렇지 않고 세상 사람들처럼 화려하고 편안한 것만 따라가면서도 오히려 자랑스럽게 생각하는 사람들도 있다. 그러나 진정한 가치가 드러날 때가 있다. 예수님께서 오시는 날 모든 것이 드러난다.

3:14 세운 공적이 그대로 있으면 상을 받고. 주님 오실 때 받을 상을 사모하고 있는가? 그것에 맞는 삶을 살기 위해 힘을 다하고 있나? 주님 주실 상에 대해서 기대하지 않는다는 사람이 있다. 그것은 잘못이다. 세상에서의 상에 대해서는 목숨 걸고 받으려 하면서 주님 오실 때 주실 상을 기대하지 않는다는 것은 주님이 오시는 것도 상주시는 것도 믿지 않기 때문이다. 주님 오실 때 주시는 상은 영원한 것이다. 이 세상에서의 상은 일시적인 것이지만 주님이 주시는 것은 영원하다. 그렇다면 그것을 사모해야 하지 않을까? 주님 오실 때 상 받을 일은 이 땅에서의 말씀의 열매일 것이다. 그 중에 특별히 십자가 사랑을 따라가는 것이다. 그것이 얼마나 풍성한 것인지를 알고 믿어 이 땅에서 그것을 이루는 삶을 살아야 한다. 세상에서 더 돈이 있고 더 영향력 있는 사람이 되는 것이 무슨

풍성한 삶이라 할 수 있겠는가? 그것은 십자가 사랑을 따라가는 것이 아니며 주님 오실 때 타 없어질 것이다.

3:15 그 공적이 불타는 사람....구원을 받되 불 가운데서 받은 것 같으리라. 구원을 받았으니 감사한 일이다. 그러나 그것이 어찌 풍성한 삶이라 할 수 있을까? 영적인 사람의 특징이 나타나지 않고 어린아이 같아도 그는 구원을 받을 수는 있다. 그러나 여기에서 한 가지를 생각해 보아야 한다. 바울은 고린도 교회에서 사역을 하면서 그래도 그들 안에 그리스도를 향한 진정한 믿음을 보았기 때문에 이렇게 말한다. 그러나 오늘날 사람들도 그러할까?

사람들은 너무 쉽게 자신의 구원을 받아들인다. 그러나 믿음의 특징(무엇보다 십자가 신앙)이 드러나지 않는 사람은 두 가지 가능성이 있다. 하나는 작은 믿음이요 또 하나는 믿음이 없는 것이다. 드러나지 않을 때 믿음이 없기 때문이 아니라고 누가 말할 수 있을까? 하나님께서 말씀하시는 구원을 자기가 구원받는다고 생각한다고 믿음이 있는 것으로 착각하는 사람이 있다. 착각이다. 그러기에 우리는 두렵고 떨림으로 자신이 믿음의 특징을 나타내는 삶이 되도록 힘을 다해야 한다. '나는 불 가운데서라도 구원은 받으니'라고 말하지 마라. 불 가운데 받는 것보다 풍성한 상을 받는 것이 이 땅에서의 부요함과 비교할 수 없이 풍성한 삶이다. 또한 불가운데서 라도 구원을 받는다고 누가 보장하나?

3:16 너희가 하나님의 성전인 것과 하나님의 성령이 너희 안에 계시는 것을 알지 못하느냐. '하나님의 성전'인 것과 '성령이 너희 안에 계시는 것'은 같은 말이다. 성전은 곧 하나님의 성령이 임재하신다는 의미다.

고린도전서는 주후 55년에 기록되었다. 예루살렘에 있는 아주 크고 웅장한 성전이 무너지기 전이다. 예루살렘의 성전을 본 사람은 성전이라는 단어에서 그 성전을 떠올릴 것이다. 예루살렘에 가 보지 못한 사람은 고린도에 있는 웅장한 이방 신전을 생각할 것이다. 고린도 교회가 '성전'이라는 사실은 성전의 웅장함을 생각하는 사람들의 생각보다 사실 비교도 할 수 없을 정도로 훨씬 더 크고 웅장한 것을 의미한다.

예루살렘에 있는 성전이나 고린도에 있는 이방 신전에는 하나님이 계시지 않는다. 그러나 고린도 교회에는 하나님이 계신다. 창조주 하나님께서 함께하신다는 사실 하나만으로 고린도 교회 성전이 훨씬 더 크고 위대하다.

사람들이 세상의 유명한 사람과 인연을 맺고, 돈을 더 가지려 하는 것은 사실 '빈곤과 불안' 때문이다. 자신들 안에 있는 빈곤과 불안을 무엇으로 채울 수 없기 때문에 세상에서 인기 있는 것으로 채워 자신의 빈곤을 감추고자 하는 것이다. 그들에게 절대적으로 필요한 것은 자신들이 성전이 되는 것과 그것을 제대로 아는 것이다. 자신이 교회의 구성원이며 교회는 하나님의 성전이라는 것을 안다면 그렇게 빈곤과 불안에 사로잡히지 않을 것이다.

3:18 아무도 자신을 속이지 말라. 세상이 좋아하는 힘과 재물과 화려한 것을 똑같이 가지고, 사람들이 좋아하는 것만 따라가면서 신앙을 말하는 것은 자기 기만이요 이율배반이다. **지혜 있는 줄로 생각하거든 어리석은 자가 되라.** 세상에서 더 많이 갖고 높은 자가 되는 것은 세상 지혜다. '어리석은 자가 되는 것'은 '십자가 신앙'을 따라 가는 것이다. 그런데 일부의 교인들이 당시의 유명한 철학자들을 따르는 것처럼 그렇게 높은 곳을 가고자 하였다. 오늘날 교회들이 높은 자리를 바라보기도 한다. 스스로를 낮추는 십자가 신앙을 가지 않는다. 그것은 자신이 믿고 있는 것에 정면으로 역행하는 것이다. 자기기만이다. 부흥은 교인이나 재산의 숫자가 느는 것이 아니라 진정한 생명의 길을 가는 것이며 십자가를 지는 신앙이 늘어나는 것이다.

3:21 사람을 자랑하지 말라. 힘과 지혜를 가진 누구와 친한 것이 자랑거리가 아니다. **만물이 다 너희 것임이라.** 세상에 있는 모든 것은 한 사람을 위하여 존재한다. 누구라도 마찬가지다. 세상은 그 사람을 위해 존재한다. 세상의 것에 나를 예속시키지 말아야 한다.

3:22 바울...게바...세계...생명...사망...지금의 것...장래의 것이나 다 너희의 것. 눈에 보이는 모든 것은 우리를 위해 존재한다. 한 사람을 위해 존재한다. 지어져 가는 수많은 아파트를 보면서 내가 살 집은 없는 현실에 우주에 떨어진 미아처럼 생각하는 사람도 있다. 그러나 사실 눈에 보이는 모든 것이 그 한 사람을 위해 존재한다. 태양도, 사람도, 현재도 미래도 그러하다. 그것을 '아느냐 모르느냐'의 차이다.

3:23 너희는 그리스도의 것이요. 우리가 그리스도의 것이기 때문에 만물이 우리의 것이다. 만물이 그리스도의 것이며 특별히 우리를 만물의 으뜸으로 창조하셨다. 우리의 구원을 위해 모든 것을 행하셨다. 죽기까지 하셨다. 우리 안에 계신다. 우리의 주가 되신다. 그 예수님이 우리 안에 있으면 당연히 예수님이 창조하신 세상 모든 것이 우리의 것이 된다. 만약 우리가 '그리스도의 것'이 아니라면 만물도 우리의 것이 아니다. 만물이 자신의 것이 아니고 여전히 세상의 것이 모두 남의 것으로만 보이는 사람은 그가 '그리스도의 것'이 아니기 때문이다.
말씀은 분명 신앙인에게 '만물이 우리의 것이다'고 말한다. 그러면 만물을 소유한 부요한 사람이라고 믿어야 하지 않을까? 오늘 십자가를 지며 '그리스도가 우리 안에 가득한 부요'를 알며 사는 신앙인이 되어야 한다.

4 장

4:1 그리스도의 일꾼. 바울이나 아볼로 등 사역자들은 '그리스도의 일꾼'이다. 고린도 교인들을 위해 일하지만 그들은 오직 그리스도를 바라보며 그리스도의 뜻을 따라 일하는 사람들이다. 고린도 교인들이 자신들의 취향대로 사역자들을 줄 세우고 나누지만 실상은 모든 사역자들이 그리스도의 일꾼으로서 오직 그리스도 안에서 하나다.

하나님의 비밀을 맡은 자로 여길지어다. 맡기신 하나님이 드러나야 한다. 맡기신 하나님의 비밀인 말씀, 특별히 십자가에 못 박히도록 아들, 그토록 사랑하신 하나님의 사랑이 드러나야 한다. 그 일에 맡은 자 즉 청지기이다.

4:2 충성. 사역자들에게 복음이 맡겨졌기에 '복음'에 충실해야 한다. 자신을 따르는 사람에게 맞추지 않고 전해야 하는 복음에 충실해야 한다. 본문과 상황 중에 본문이 먼저다.

4:3 다른 사람에게 판단 받는 것이 내게는 매우 작은 일이라. 사역자는 사람들이 평가하는 것에 대해 일희일비하지 말아야 한다. 구름 같이 많은 사람이 따르든 매우 적은 사람이 따르든 그것이 중요한 것이 아니다. 오늘날 사람들에게 인기 있으면 아주 성공한 것처럼 여기고 사람에게 인기가 없으면 실패한 목회자 취급하는 경우가 많다. 그러나 하나님의 일꾼에게 사람의 인기는 중요한 문제가 아니다. 그것은 매우 작은 일이다.

4:5 주께서 오시기까지 아무것도 판단하지 말라 그가 어둠에 감추인 것들을 드러내고. 판단은 하나님께서 하신다. 하나님의 판단은 그리스도께서 오실 때에 밝히 드러날 것이다.
오늘날 사람들에게 인기가 있다고 하나님께서 인정하시는 것이 아니다. 사람들에게 인기가 없다고 하나님께서 칭찬하지 않으시는 것도 아니다. 사역자는 하나님의 사역자이기에 때문에 사람의 칭찬이 아니라 하나님의 칭찬을 들을 수 있도록 해야 한다. 사역자는 사람들의 판단에 마음이 많이 약해진다. 사람의 판단에 의해 성공과 실패가 판가름 난다고 생각한다. 그러나 그러면 제대로 된 하나님의 사역자가 될 수 없다.

4:6 서로 대적하여 교만한 마음을 가지지 말게 하려 함이라. 사람의 일꾼인 사람들은 사람의 인기에 집착한다. 사람의 인기가 있는 사람을 시기하고 대적하여 자신이 더 인기 있는 사람이 되려고 한다. 사람의 인기를 받으면 더욱 교만하여 자신이 최고인줄 착각한다.

4:7 누가 너를 남달리 구별하였느냐. 다른 사람보다 자신이 더 능력이 있는 면이 있을 수 있다. 그러나 그것이 교만거리는 아니다. **네게 있는 것 중에 받지 아니한 것이 무엇이냐.** 자신이 능력이 있어도 그것은 단지 '받은 것'에 불과하다. 교만거리가 될 수 없다. 오직 더 섬겨야 하는 것이다. 그런데 사람의 일꾼은 자신이 가지고 있는 것이 하나님으로부터 받은 것이라는 것을 알지 못하기 때문에 자신이 가지고 있는 능력으로 자신의 배를 불리고 교만하게 사용한다.

4:8 너희가 이미 배 부르며. 고린도 교인들이 너무 빠르게 '이미' 배부르고 풍성하며 왕이 된 것처럼 행동하였다. 사람들에게 인기 있는 사람들이 그러했을 것이다. 오늘날에도 사람들에게 인기 있는 목사는 벌써 배 부르고 풍성하며 왕처럼 행동하는 경향이 있다.

4:9 사도인 우리를 죽이기로 작정된 자 같이 끄트머리에 두셨으매. 바울의 현재 모습은 전쟁 포로로 잡혀 뒤에서 끌려가고 있는 모습과 같다고 말한다. 이제 곧 처형당할 것이다. **우리는 세계 곧 천사와 사람에게 구경거리가 되었노라.** 바울은 원형 극장에서 사형 집행을 기다리는 사람들의 구경거리가 되어 있음을 말한다. 그의 지금의 삶이 하루 하루 죽음을 느끼며 사형수를 향한 사람들의 시선과 같은 조롱과 멸시를 받고 있음을 의미한다. **하나님이...두셨으매.** 이러한 죽음과 멸시의 상태가 하나님의 통치 가운데 있음을 말한다. 그는 죽음과 멸시를 매일 접하면서 살고 있지만 절망과 아픔을 호소하기 위한 것이 아니다. 오히려 하나님께서 인도하고 계심을 말하고 있다. 사람에게만 구경거리인 것이 아니라 천사에게도 구경거리다. 천사도 보고 있다. 주의 깊게 보고 있다. 바울이 직면하고 있는 죽음과 멸시와 조롱은 귀한 것이기 때문이다.

4:10 너희는 존귀하나 우리는 비천하여. 바울은 어리석고, 약하고, 비천한데 고린도 교인들이 지혜롭고, 강하고, 존귀하려고 하였다. 그들은 지금 영적 전쟁이 이루어지고 있는 최전선의 상황을 전혀 보지 못하고 있었다. 지금 그렇게 우아하게 세상의 지혜와 강함과 존귀를 찾고 있을 때가 아니다. 그러한 것은 지금 당장 좋아 보일 수는 있지만 실제로는 생명과 전혀 상관이 없기 때문이다.

4:11-12 바울 일행은 복음을 위하여 '주리고 목마르며' 육적인 어려움을 이겨내고 있었다. **모욕을 당한즉 축복하고.** 모욕을 당하는데 어찌 축복하고 싶을까? 그러나 그것이 생명의 길이기에 자신의 감정을 극복하며 그렇게 하기 위해 힘을 다하며 싸우고 있다.

4:13 세상의 더러운 것과 만물의 찌꺼기 같이 되었도다. 그렇게 사람들에게 쓰레기 취급을 당하고 있었다. 바울 일행이 낮아지고 낮아졌기 때문에 그들이 보기에 바울 일행은 말 그대로 쓰레기 그 이상이 아니었다. 바울 일행은 그렇게 쓰레기 취급을 당하면서 복음의 길을 가고 있었다. 십자가의 길을 가고 있었다.

4:14 너희를 부끄럽게 하려고 이것을 쓰는 것이 아니라. 바울이 지금 처한 상황을 들으면 세상 지혜와 힘을 추구하던 고린도 교인들의 모습이 얼마나 형편없었는지를 생각하게 될 것이다. 부끄러움을 느낄 것이다. 그런데 바울은 고린도 교인들을 부끄럽게 하려고 이런 말을 하는 것이 아니라고 말한다. **너희를 자녀같이 권하려 하는 것이라.** 비난이 아니라 생명의 길을 가도록 하기 위해 영적 실제의 모습을 말한 것이다. 자녀가 잘 되기를 바라는 아비의 마음으로 말하고 있다.

4:16 너희는 나를 본받는 자가 되라. 바울의 어떤 모습을 본받으라 하는 것일까? '십자가를 지는 삶'을 말한다. 앞에서 바울이 말한 육적인 고난과 정신적인 고난 등을 의미한다. 참으로 힘든 일이다. 그런데 왜 그런 것을

닮아야 할까? 그것이 힘들지만 생명의 길이기 때문이다. 그것이 가장 존귀한 길이기 때문이다.

4:19 말이 아니라 오직 그 능력을 알아보겠으니. 신앙은 말로 고백한다고 있는 것이 아니다. 고백하는 대로 사는 것이 '능력'이다. 실제이다. 그렇게 살지 않는다면 그것은 힘이 없는 것이다. 가짜다. 능력에서 가장 중요한 것은 '십자가의 삶'이다. 힘들어도 이겨내며 십자가를 지는 삶에 순종하는 것이 진정한 능력이다. 신앙인의 가장 기본이고 중요하고 큰 능력은 십자가를 지는 것이다. 이 능력이 없으면 하나님의 나라를 모르는 것이다.

4:20 하나님의 나라...말...능력. 십자가를 지신 예수님을 사랑한다는 말이 아니라 십자가를 지는 삶에 하나님 나라가 있다. 오늘 우리가 믿음으로 십자가를 지고 있는 실제적 모습이 없다면 하나님 나라도 실제적으로 없다. 믿음 때문에 지는 십자가의 삶이 무엇인지를 늘 점검해야 한다. 지금 지고 있는 십자가가 없다면 믿음도 없다.

5 장

바울은 고린도전서에서 교회의 9 가지의 문제를 다룬다. 먼저 바울이 다루고 싶은 4 가지를 다루고 뒤의 5 가지는 그가 받은 질문에 대한 답이다. 인사말 등의 서론 이후 4 장까지는 첫번째 문제로 분쟁을 다루며 세상 가치관과 싸우는 교회가 되어야 한다는 것을 말하였다.

5:1-13 두 번째 문제. *죄. 죄와 싸우는 교회가 되어야 한다.*

5:1 너희 중에 심지어 음행이 있다 함을 들으니. 바울은 그가 들은 깜짝 놀라운 소식에 대해 말한다. **아버지의 아내를 취하였다.** 아마 새엄마와의 음행을 말하는 것 같다. **이방인 중에서도 없는 것이라.** 그러한 음행은 로마 법에서도 사형이나 추방에 해당하는 중죄였다. 그런데 그러한 죄가 고린도 교회에 있었다.

5:2 교만해졌다. 그들이 그런 음행을 저지른 사람을 오히려 자랑스럽게 생각하였던 것 같다. 그가 사회적 신분이 높은 사람이었던 것 같다. 그 사람이 교회에 있는 것이 훨씬 더 도움이 된다고 생각하였다. 그래서 그 사람의 죄를 아프게 여기며 책망하기 보다는 오히려 그 사람을 눈감아주고 자랑스럽게 생각하였다.

5:5 사탄에게 내 주었다. 바울은 자신이 그렇게 결정한 것을 고린도 교회에 알렸다. 그것은 성찬 금지와 교회 추방까지 포함할 것이다. 이 일로 인해 그 사람은 예배와 성도와의 교제 금지로 인하여 사탄에게 던져진 것과 같이 된다. 출교하는 목적에 대해서도 분명하게 밝혔다. **육신은 멸하고 영은 주 예수의 날에 구원을 받게 하려 함이라.** 출교하여도 그 사람이 자신의 죄를 회개하지 않을 수 있다. 그러나 만약 그가 회개한다면 그의 '죄된 성향'인 그러한 음행에 대해 회개(멸하고)하고 다시 돌아올 수 있기 때문이다.

5:6 적은 누룩이 온 덩어리에 퍼지는 것을 알지 못하느냐. 비록 그런 사람이 소수라 하여도 그러한 죄를 교회가 묵인하고 넘어가면 결국 누룩이 온 덩어리를 부풀게 하듯이 교회 전체가 죄에 빠질 것이다. 순결한 거룩한 공동체라는 정체성이 사라질 것이다.

5:11 형제라 일컫는 자가 음행하거나...사귀지도 말고. 죄를 행하는 세상 사람과 사귐을 갖지 말라는 것이 아니라 형제가 그럴 경우 사귀지 말아야 한다. 교회 밖 사람들이 행하는 죄는 그것이 죄라는 것을 알기 때문에

교회의 거룩성이 희석되지 않는다. 그런데 교회 안의 죄는 결국 사람들을 희석시켜 무엇이 죄인지 잘 구분되지 못하게 만들 것이다. '교회 다니는 사람은 그래도 다르다'는 말을 들어야 하는데 그렇지 못한 모습이 많다. 그렇다면 교회가 본질을 잃은 것이다.

5:13 밖에 있는 사람들은 하나님이 심판하시려니와. 사람들은 세상 사람들의 죄에 대해 말한다. 그러나 그들은 우리의 영역이 아니다. 그들은 하나님께서 심판하실 것이다. 우리의 영역은 교회 안을 정결하게 하는 것이다. **악한 사람은 너희 중에서 내쫓으라.** 악한 사람이 죄에서 회개하지 않으면 내쫓아야 한다.

교회는 죄와 싸우는 곳이어야 한다. 교회의 구성원인 모든 교인들이 죄와 싸우고 있어야 한다. 죄의 문제는 항상 최우선 문제이어야 하고 민감해야 한다. 나는 개인적으로 주변에서 죄에 무감각한 목회자와 교회를 많이 본다. 죄에 대해 무지하고 무관심하고 무시한다. 그러면 더이상 교회가 아니다. 교회는 죄에 대해 가장 민감해야 한다. 죄 때문에 그리스도께서 십자가를 지셨다. 이제 거룩한 공동체가 되어 죄와 싸워야 한다. 이전에 죄의 종이었던 때처럼 죄에 무기력하지 말고 의인이 되었으니 힘을 내어 죄와 싸워야 한다. 죄가 얼마나 큰 문제인지를 알고 죄와 싸워서 교회의 거룩과 순결을 지켜야 한다.

6 장

6:1-11 세 번째 문제. *의를 세우는 방법으로서 세상 법정 소송 문제.*

6:1 불의한 자들 앞에서 고발하고 성도 앞에서 하지 아니하느냐. 고린도 교인 사이에 다툼이 있었는데 고린도 시의 법정에 들고 간 것에 대한 책망이다.

이 구절은 세상 법정에 대한 소송 금지 주장으로 이어지곤 한다. 그런데 이 구절이 기독교인은 세상 법정에 소송을 하면 안 된다는 의미일까? 그렇지 않다. 바울은 자신이 로마 시민권자라는 사실을 지방 재판에서 잘 이용하였다. 이후에 황제에게 재판을 받겠다고 하여 로마에 끌려가서 재판을 받게 된다. 그는 세상 법의 소송의 폐지를 주장하고 있는 것이 아니다.

불의한 자들 앞에서. 이 구절에 주목해야 한다. 이 당시 로마 법 아래에서 지방의 재판은 행정관과 배심원들이 재판하곤 하였다. 그런데 재판과정이 매우 편파적인 경우가 많았다. 배심원이 되기 위해서는 오늘날과 매우 달랐는데 재산이 7 억(7500 데나리온)이상이어야 배심원이 될 수 있는 곳도 있었다. 그들의 재판은 바울의 말 대로 '불의한 자들'의 재판이었다. 타락한 재판이었다. 그것에 대한 책망이다.

오늘날 세상 법정은 어떨까? 나는 개인적으로 노회 일로 총회 임원과 세상 재판 사이를 경험해 보았다. 우리 노회의 일에 총회 임원회의 결의가 임원과의 이해 관계가 있는 한 사람에 의해 법을 멋대로 해석하였다. 그들의 해석이 교회 교단헌법을 대놓고 어긴 것이기 때문에 결국 세상법으로 소송이 되었고 역시 총회 임원회가 재판에 졌다. 참으로 부끄러운 일이다. 수많은 총회의 재판이 세상 법에 의해 뒤집어 지는 경우가 많다. 법을 제대로 지키지 않기 때문이다. 불법을 저지르기 때문이다. 재판 과정에 수많은 불법이 자행되고 부끄러운 것이 많다. 법이 아니라 힘에 의해 재판이 진행된다. 만약 오늘날 교회 분쟁이 있으면 바울은 분명히 오늘날 교단의 재판에 가지 말고 세상 법정에 가라고 말할 것 같다.

6:2 성도가 세상을 판단할 것을 너희가 알지 못하느냐. 누가 더 잘 판단할 수 있는지를 생각해 보라고 말한다. 교회에서 세워져야 할 가치가 세상의 불의한 이들에 의해 무너져서는 안 된다. 바울이 말하고자 하는 것은 의가 세워지는 것이다. 이 당시 고린도 교회에서의 문제가 더 불의한 세상 사람들에 의해 판단 받는 것이 아니라 더 순결을 지키고자 하는 교회의 가치관으로 판단되어야 한다고 생각하였다. 세상법으로

가지고 가는 사람들은 진리를 지키기 위해서가 아니라 거짓과 힘으로 이기기 위해 세상 법정으로 가지고 갔기 때문이다.

6:7 피차 고발함으로...허물이 있나니. 분쟁은 서로를 미워하는 마음이 강하게 작용한다. 세상 법정에서 분쟁해 보라. 판사나 변호인이 기독교인이든 아니든 매우 부끄럽다. 교회 법을 다루면서 어쩔 수 없이 교회가 믿는 하나님의 거룩한 이름이 거룩하지 않은 방식으로 사용될 때가 많다. 하나님의 이름에 먹칠을 하는 것보다 차라리 손해보는 것이 더 나은 경우가 훨씬 더 많을 것이다. **차라리 불의를 당하는 것이 낫지 아니하며 차라리 속는 것이 낫지 아니하냐.** 차라리 불의를 당하고 속는 것이 나은 경우가 있다. 분쟁하면서 미워하게 되고 하나님의 이름이 망령되이 일컬어지는 것보다 훨씬 더 낫다. 분쟁할 때 사람들은 서로 '의를 세우기 위해 그렇게 한다'고 말할 것이다. 그러나 교회의 분쟁은 많은 경우 의가 세워지는 것이 아니라 의가 파괴된다. 설령 교회를 바로 세우기 위해 분쟁하는 것이라 할지라도 그것이 문제를 낳는 것을 수없이 많이 본다. 분쟁의 시간에 교회의 믿음 없는 사람들은 교회를 떠난다. 영원히 떠나는 사람들도 있다. 분쟁 가운데 일어나는 수많은 죄악을 어찌 다 감당할 수 있을까? 그러니 분쟁에서 의를 세우기 원한다면 분쟁을 멈추는 것이 좋은 경우가 대부분이다. 그냥 서로 축복하며 합리적으로 헤어지는 것이 제일 좋다.

6:9 불의한 자가 하나님의 나라를 유업으로 받지 못할 줄. 상대가 진정 불의한 자라면 더이상 상대하지 않는 것이 더 좋다. 교회 내에서 싸우는 것은 서로 불의한 자가 되는 길이 되는 경우가 훨씬 더 많다. 그렇게 불의한 자가 되면 의를 세우는 것이 아니라 자신의 구원도 잃어버릴 것이다. 싸우는 심령에 어찌 선한 마음이 자리를 잡겠는가? 형제를 미워하는데 어찌 선한 마음이 있을 자리가 있겠는가?

6:11 씻음과 거룩함과 의롭다 하심을 받았느니라. 고린도 교인들이 전에는 불의한 자에 속한 사람들이 많이 있었다. 그러나 지금은 아니다. 만약 다시 서로 싸운다면 다시 불의한 자로 떨어지기 쉽다. 불의한 자가 얼마나 비참한지를 알아야 한다.

교회의 싸움에 먼저 싸움을 걸지 마라. 조금 불합리해도 다수에 의해 결정되었으면 받아들이라. 교회는 의를 세우는 곳이다. 그런데 사람들이 '자신들이 생각하는 의'를 세우면서 마치 전체의 진리를 세우는 것처럼 여긴다. 그래서 많은 다툼의 여지가 있다. 그러나 우리는 하나님 앞에서 불의한 자가 받는 벌을 두렵고 떨림으로 생각할 줄 알아야 한다. 교회에 그렇게 불의를 행함으로 구원받지 못할 사람이 많다.

6:12-20 네 번째 문제. *인생의 목적에 대한 문제*

6:12 모든 것이 내게 가하나. 고린도 교인들이 자주 사용하는 말이다. 다른 말로 하면 '모든 것이 합법적이다'라는 말이다. 이러한 주장의 배경은 '음행'이다. 바울이나 일부 교인들이 음행을 잘못이라고 주장하니 그것을 찬성하는 사람들은 '당신들이 잘못이라고 말하는 음행들은 로마법에서 모두 합법이다'고 주장하는 것이다. '법적으로 전혀 문제가 없는데 왜 그렇게 책망하느냐'고 말하는 것이다. 바울도 그러한 음행이 로마법으로 문제가 되지 않는다는 것을 잘 알고 있었다. 바울은 로마법 이야기를 하는 것이 아니다. 그것이 로마법에 저촉되는 것은 아니지만 음행에 매여 그것에 종속된 삶 이어서는 안 된다고 말한다.

6:13 음식은 배를 위하여 있고 배는 음식을 위하여 있다. '음식과 배'의 관계를 비교하며 몸과 성적인 즐거움은 서로 필연적인 관계라고 말하였다. 배가 음식을 요구하는 것처럼 몸이 성적인 기쁨을 요구하는 것은 자연스러운 현상이라고 주장하였다. **하나님은 이것 저것을 다 폐하시리라.** 이것 저것은 '몸과 성욕의 관계'를 말하는 것으로 몸과 성욕의 관계는 필연적이라는 것이 잘못된 생각이라 말한다. **몸은...주를**

위하여 있으며. 몸은 음란(성적인 만족)을 위해 있는 것이 아니다. 우리 몸은 음란과의 관계가 아니라 하나님과의 관계에서 목적과 자리를 잡아야 한다. '주를 위하여 있는 것'이 몸의 가장 큰 목적이다. 그것을 위하여 음식을 먹는 것이며 그것을 위하여 우리의 성욕도 제어되어야 한다.

6:14 우리를 다시 살리시리라. 하나님께서 우리를 죄에서 구원하셨다. 그리스도를 부활시키셨고 우리는 부활하여 영원히 살 존재이다. 그러기에 더 이상 세상의 죄된 욕구가 아니라 영원히 살 존재로서 죄를 거부하고 하나님을 위하여 사는 길을 가야 한다.

6:16 창녀와 합하는 자는 그와 한 몸. 로마법에는 문제가 되지 않고 사회에서 일반적으로 받아들이는 문화라 하여도 우리의 몸이 하나님의 형상 따라 창조된 영광스러운 존재라는 것을 믿는 사람이 창녀와 합하여 자신을 창녀와 같은 위치로 떨어뜨리는 것은 참으로 어리석은 일이다.

6:17 창녀와 합하는 사람이 아니라 주와 합하는 사람이 되어야 한다. 주와 합하기 위해 가야 하는 길이 있다. 그런데 주와 합하는 것이 아니라 창녀와 합하고 있다면 그것이 어찌 자신이 가야 하는 영광의 삶을 살고 있다고 말할 수 있을까?

6:19 너희 가운데 계신 성령의 전인 줄을 알지 못하느냐. 우리는 성령이 거주하시는 성령의 전이다. 거룩한 성령이 거주하는 영광의 몸이다. 그런데 우리의 몸이 음행하면 성령이 거할 자리가 없다. 성령이 거하실 수 있도록 집을 깨끗이 해야 한다. 세상 사람들의 손가락질을 받지만 않으면 되는 것이 아니라 성령이 거하시고 싶은 성결한 몸이 되어야 한다.

6:20 값으로 산 것이 되었으니. 우리를 구원하시기 위해 예수님께서 행하신 것이 무엇인가? 예수님은 십자가의 보혈피로 우리를 대신하여 죄값을 치르시고 사셨다. 그래서 우리는 주님의 것이다. 우리가 우리

마음대로 행동해도 되는 것이 아니다. 오직 하나님의 것이 되어 하나님께서 뜻하시는 것을 드러내며 사는 '하나님께 영광을 돌리는 삶'이 되어야 한다.

7 장

7:1-24. 다섯 번째 문제. *성적정욕(음행과 금욕주의)에 대해*
7 장-14 장까지는 고린도 교회가 질문한 것에 대해 바울의 답이다. 5 가지 문제를 다룬다.

7:1 너희가 쓴 문제에 대하여. 고린도 교회는 바울에게 편지의 형태로 질문하였던 것으로 보인다. 바울이 그것에 대해 답하고 있다. 우리는 삶에 대해 성경적 답이 무엇인지 질문하며 살아야 한다. 성경은 수천년 전에 기록된 말씀이지만 여전히 오늘 가장 현실적인 길을 제시한다. 말씀은 그 시대의 사람들에게 주신 것이며 또한 모든 시대의 사람을 위해 주신 것이기도 하다.

남자가 여자를 가까이 아니함이 좋으나. 첫번째 질문으로 '결혼과 금욕'에 대한 질문과 답이다. '가까이 아니함'은 직역하면 '만지지 않는 것'이다. '성관계'에 대한 완곡어법이다. 고린도 교인들이 하는 말이다. 이것은 금욕주의자들의 주장이기도 하다. 고린도 도시는 성적인 면에 있어 매우 개방되어 있었다. 성적인 것을 즐기는 문화가 가득하였다. 매우 가까운 인척이 아닌 이상 남녀의 성적 관계가 죄의식 없이 일반적으로 받아들였다. 그러나 성경을 알기 시작한 이들이 그것에 대해 문제의식을 가졌고 아예 모든 성적 관계에 대해 부정하는 주장이 제기되었다. 그것에 대한 답이다.

7:2 남자마다 자기 아내를 두고. 바울은 모든 성적관계를 부정하는 것은 잘못이라 말한다. 성적 욕구는 하나님께서 주신 것이며 부부 안에서 정당한 것이며 필요한 것이며 아름다운 것이다. 부부 밖의 모든 성적 관계는 음행이다. 그러나 부부관계 안에서는 옳은 일이다.

7:3-4 남편은 그 아내에 대한 의무를 다하고. 이것은 1 절에서 말하는 '가까이함'을 의미한다. 이것은 금지가 아니라 오히려 서로 의무를 다해야 하는 것이다. 이 부분에 있어서는 서로 '자기의 몸을 주장하지 못하고'라 말한다. 서로를 향한 의무를 가지고 있다.

7:5 다만 기도할 틈을 얻기 위하여 합의상 얼마 동안은 하되. '가까이함'이 옳은 것이지만 특별한 경우는 '자기 몸을 주장'할 수 있음을 말한다. 그런데 서로를 향한 의무를 하지 않으려면 기도와 같은 특수한 상황이 있어야 하며 합의를 해야 한다.

7:7 나는 모든 사람이 나와 같기를 원하노라. 바울은 아마 이전에 결혼하였을 것이다. 유대 문화에서 20 세 이전에 결혼하지 않는 경우는 거의 없었다. 특히 바울처럼 율법에 열심인 사람은 거의 그러하였다. 그러나 바울은 지금 혼자인 것이 분명하다. 이혼하였는지 아니면 사별인지 이유는 알지 못하지만 혼자 있었으며 그래서 '여자를 가까이함'이 없었다. 그는 그렇게 금욕적인 상태에 대해 권장하고 있다.
하나님께 받은 자기의 은사. 결혼을 하지 않거나 재혼하지 않고 홀로 있는 것은 좋을 수는 있으나 은사가 있어야 한다. 모든 사람이 하는 것은 아니다.

7:9 정욕이 불 같이 타는 것보다 결혼하는 것이 낫다. 성적 정욕은 오직 결혼 안에서만 할 수 있는 것인데 그것을 참지 못한다면 당연히 결혼해야 하며 그것은 좋은 일이다.
7 대죄에서 탐색이라 말하는 것은 '색을 탐하는 것'으로서 부부가 아닌 모든 성적 정욕을 채우는 일을 의미한다. 나는 그것을 '성의 오용'이라고

말한다. 탐색을 사회에 따라 허용하기도 하고 때로는 금지하기도 한다. 그러나 사회가 허용하든 그렇지 않든 상관없이 탐색은 잘못된 것이다.

7:10 결혼한 자들에게는 내가 명하노니 남편에게서 갈라서지 말라. 금욕적인 것이 더 좋아 보여서 부부가 헤어지는 것은 좋은 것이 아니다. 부부 안에서는 금욕하지 않는 것이 더 좋다.

7:12 배우자 중 한 명이 믿지 않는 경우는 더 많은 어려움이 있다. 그러나 결혼은 주 안에서 해야 하지만 만약 믿음을 가지기 전에 결혼한 이후 한 편이 믿음을 가지게 되었으면 이혼하지 않는 것이 더 좋다 말한다. 그만큼 결혼이라는 것은 중요하다. 결혼 안에서의 정욕도 존중되어야 한다. 그만큼 결혼 밖에서의 모든 정욕은 금지되어야 한다.

7:17 주께서 각 사람에게 나눠 주신 대로...부르신 그대로 행하라. 이혼하거나 억지로 결혼하거나 하지 말고 있는 그 자리에서 하나님의 뜻을 찾으라 말한다. 이 말씀은 20절에서, 그리고 마지막 절인 24절에서도 반복된다.
고린도 교인들은 변화의 시기를 겪고 있었다. 갑자기 기독교인이 되었다. 신앙인이 되면 근본적인 가치관이 변한다. 기존에 가지고 있던 가치관인 상식은 비슷하였지만 매우 다른 것도 있었는데 성에 대한 개방성은 매우 낮이 달랐나. 나를 때 기존 세싱의 관게나 위치 등을 께트리는 것이 아니라 그 자리(기독교인이 되기 전의 그 자리)에서 새 사람으로 살아야 함을 말하고 있다. 그것을 설명하기 위해 2가지 예를 든다.

7:18 첫 번째로 할례에 대해 말한다. 할례는 유대인들에게 매우 중요하다. 그러나 로마나 헬라 사회(가나안 지역이나 고대 사회에서는 다른 나라에도 할례가 많았음)에서는 이상한 행위다.
할례에 대해 2가지 이상한 반응이 있었다. 첫째, 어떤 사람은 할례가 중요하기 때문에 할례를 받아야 한다고 주장하였다. 이방인 기독교인들이 이제라도 할례를 받아야 한다고 주장하였다. '좋은 것이

좋은 것이다'고 구약 성경에 할례를 강조하고 있으니 '할례를 받으면 더 좋은 것이 아닌가'라고 생각하였다. 둘째, 반대로 유대인 기독교인 중에는 할례를 '무할례'로 수술하고자 하는 사람들이 있었다. '무할례자가 되지 말며'라는 구절은 아마 그것에 대한 이야기일 것이다. 로마 제국은 체육관과 목욕탕 문화가 발달하였다. 많은 유대인들이 그곳에 회원이 되어 다녔다. 그런데 목욕할 때 옷을 벗으면 그들이 할례 받은 것이 드러났다. 할례 받은 사람들을 로마의 주류 사람들이 이상하게 보았을 것이다. 그래서 로마 주류 사회에 들어가고자 하는 유대인들은 할례를 무할례로 바꾸는 수술을 하는 경우가 있었다.

7:19 할례 받는 것도 아무 것도 아니요. 할례는 세례로 바뀌었다. 완성되었다. 할례 받지 않은 것이 성경적으로 전혀 문제가 되지 않았다. 그러니 할례 받아야 한다고 생각할 필요가 없다. **할례 받지 아니하는 것도 아무 것도 아니로되**. 할례 받은 것이 죄가 아니다. 그것 때문에 로마 주류 사회에 들어가지 못해서 속상할 수 있다. 그러나 그렇게 하여 로마 주류 사회에 들어갈 필요는 없다. 로마 주류 사회에 들어가는 것도 사실 아무것도 아니다.

오직 하나님의 계명을 지킬 따름이니라. 강조된 문장이다. 중요한 것은 '하나님의 계명'이다. 할례 받았다고 또는 할례 받지 않았다고 하나님의 말씀을 더 잘 지키는 것이 아니다. 그렇다면 그것은 전혀 문제가 되지 않는다. 단지 배경일 뿐이다. 배경을 바꾸느라 힘을 허비하지 말고 진짜 중요한 '하나님의 계명을 지키는 것'에 더 힘을 쏟아야 한다.

7:21 종. 두 번째 예는 '종'에 대한 이야기다. 종의 경우도 할례와 비슷하다. 무할례자가 할례자가 되려는 사람이 있었고, 할례자가 무할례자가 되려는 사람이 있었다. 종의 경우도 그랬다. 종인 사람이 자유인이 되려고 하는 경우가 있었고, 종이 아닌 사람이 종이 되려고 하는 경우도 있었다.

종으로 있을 때에 부르심을 받았느냐 염려하지 말라. 기독교인이 된 사람이 신분이 종이라면 어떨까? 종이라는 사실 하나만으로도 매우 힘들 것이다. 누군가의 종이 되어 매여서 살아야 한다는 것은 매우 힘든 일이다. 그러나 신앙인은 더 중요한 것을 깨달은 사람이다. 그래서 종으로 사는 것에 대해 이제 더 이상 '염려(고민)'하지 말아야 한다.

7:22 주 안에서 부르심을 받은 자는 종이라도 주께 속한 자유인이요. 기독교인이 된다는 것이 무엇을 의미하나? 죄의 종에서 해방이요, 죄에 대한 처벌에서 자유하게 되는 것이다. 세상에서 죄의 종으로 사는 것보다 더 괴로운 것이 있을까? 죄의 종으로 처벌받는 것보다 더 무거운 처벌이 있을까? 죄의 종으로서 영원히 지옥에서 살아야 할 사람이었다. 그런데 기독교인이 되어 이제 죄의 종에서 해방된 사람이 되었다. 그가 여전히 어떤 사람의 종이라 하여도 죄의 종에서 해방된 것 하나만으로 얼마나 기쁜 일인지 모른다. 지금 사람의 종인 것은 일시적인 것일 뿐 죄의 종에서 해방되어 '주께 속한 자유인'이 되었다는 사실은 그를 늘 웃음 짓게 만들 것이다. 그러니 이제 더이상 자신이 사람의 종이라는 사실에 염려하지 않게 된다. 자신이 주인으로 섬기는 사람은 여전히 죄의 종인데 자신은 그리스도의 종이니 주인을 보면 오히려 불쌍하다. 사람의 종인 자신은 더 이상 죄의 종이 아니니 자신이 지금 '사람의 종'인 것이 더 이상 크게 문제가 되지 않는다.

7:23 사람들의 종이 되지 말라. 이 구절은 아마 당시의 특수한 상황이 배경이 되는 것 같다. 당시 어떤 사람들은 자발적으로 유명한 사람의 종이 되곤 하였다. 신분상승을 위한 방법이었다. 로마 시민권을 가진 높은 신분을 가진 사람의 종이 되었다가 돈을 주고 노예에서 해방되면 그 사람은 자신의 주인이었던 사람과 계속 관계를 가지게 된다. 주인의 성을 사용하며 로마 시민권도 자연적으로 취득하게 된다. 그러한 편법을 동원해서라도 로마 시민권자가 되고 신분상승을 이룰 수 있기에 많은 사람이 그것을 원하였다. 오늘날 승진을 위해 회사의 종이 되고, 강사에서 정규직 교수가 되기 위해 교수의 종이 되는 등의 현상과 매우

비슷하다. 할례자가 무할례자 수술을 하여 신분상승을 꾀하는 것처럼 종이 아닌 사람이 종이 되어 신분상승을 꾀하는 것은 당대의 문화라 할 수 있다. 그러나 그것은 사회에 매인 모습이다.

너희는 값으로 사신 것이니. 우리는 이미 그리스도 안에서 신분상승을 한 사람들이다. 그리스도께서 우리를 위해 값을 치르셨다. 죄의 종이었던 우리를 위해 값을 치르시고 사셨다. 그러기에 우리는 이제 사회의 신분상승을 꾀하며 사람의 종으로 다시 들어가지 말고 오직 그리스도의 종으로 당당하게 살아야 한다. 그리스도의 종으로 살기 위해 우리의 모든 마음을 쏟아야 한다. 세상의 신분상승이 아니라 그리스도의 종으로 살기 위해 무엇을 해야 하는지에 더 마음을 쏟아야 한다.

7:24 하나님과 함께 거하라. 종의 신분인 사람, 자유인인데 종의 신분으로 바꾸고자 하는 사람이 있었다. 그들은 모두 신분상승이 최대의 목표다. 그러나 기독교인이 되고 나면 '부르심을 받은 자리'에서 튀어나오는 것이 아니라 '하나님과 함께 거하는 것'이 중요함을 알게 된다. 종이라도 괜찮다. 유명하지 않은 평범한 사람이라도 괜찮다. 그것이 우리가 하나님과 동행하는 것에 전혀 방해되지 않는다.

7:25 바울은 약혼에 대해 말한다. '처녀'로 번역한 단어들은 모두 '약혼'에 대한 이야기다. 결혼이 아니라 약혼에 대해 말하는 이유는 아마 이 당시에는 약혼이 결혼의 시작이기 때문에 그런 것 같다. 약혼은 거의 결혼과 같은 단어처럼 사용하기도 한다.

7:26 사람이 그냥 지내는 것이 좋으니라. 새로운 약혼을 진행하는 것보다는 일단은 멈추어 사회를 잘 살펴야 한다고 말한다. **임박한 환난으로 말미암아.** 아마 식량부족 사태를 말하는 것 같다. 식량 부족 상태에서 결혼과 자녀를 낳으면 그로 말미암아 생길 많은 문제를 생각하고 있는 것 같다.

1 절에서 음행과 금욕주의의 관계를 말하였다. 성은 부부 안에서만 아름다운 일이다. 그래서 성이라는 측면에서는 결혼이 절대적으로

필요한 것이라 할 수 있다. 그런데 오늘 본문에서는 결혼을 성이라는 측면이 아니라 결혼함으로 책임지게 될 여러 일에 대한 측면을 말한다.

7:27 아내에게 매였으냐 놓이기를 구하지 말며. 약혼한 경우에도 때로는 아내로 표현한다. 이미 약혼한 상태라면 약혼을 지켜 결혼하라고 말한다. **아내에게서 놓였느냐 아내를 구하지 말라.** 아직 약혼한 상태가 아니라면 구태여 약혼을 하지 않는 것이 더 좋겠다고 말한다.

7:29 그 때가 단축하여진 고로. 우리는 이 세상에서 한없이 사는 것이 아니다. 이 세상에서 이루어야 하는 일이 있으며 시간은 매일 단축되고 있다. **아내 있는 자들은 없는 자 같이 하며.** 어떤 면에 있어서는 아내가 있어도 신경을 다 쓰지 못할 수 있다.

7:30 자 같이 하며. 반복어이다. 세상에는 울고 웃을 크고 작은 일들이 많다. 그러나 마치 그러한 일이 없는 것처럼 여길 정도로 기독교인이 진짜 집중해야 하는 일이 따로 있음을 말한다.

7:31 이 세상의 외형은 지나감이니라. 이 세상의 일들은 영원한 일을 위하여 존재한다. 이 세상의 일들은 그 역할이 있을 뿐이며 그 역할이 마치면 끝이다. 중요한 것은 영원한 가치다. 지나가는 일에 과도하게 매이지 말고 지나가는 일을 통해 영원한 일을 할 수 있어야 한다.

7:32-33 염려. 결혼이 가져오는 가장 큰 일 중에 하나가 염려다. 결혼을 하면 마땅히 '아내를 기쁘게'하여야 한다. 그런데 잘못하면 그것이 '어찌하여야 주를 기쁘시게 할까'하는 것을 가로막는 것이 될 수 있다. 둘 다 마땅히 필요한 것이나 때로는 둘이 서로 상충되는 경우가 있다. '결혼과 성'의 관계를 생각할 때는 결혼하지 않으려면 은사가 필요했다. 그런데 '결혼과 관심'의 문제는 결혼하는 것이 은사가 필요한 것 같다. 결혼하면 일반적으로 배우자와 가족에 더 많은 관심을 기울여 하나님을 향한 관심이 작아지는 경우가 많기 때문이다. 기독교인에게는 결혼은

하나님을 향한 관심이 작아지는 것이 아니라 오히려 하나님을 향한 관심이 커지는 계기가 되어야 한다.

7:35 흐트러짐이 없이 주를 섬기게 하려 함이라. 결혼이 하나님을 향한 마음을 흐트러지게 할 수 있다. 그러나 오히려 하나님을 향해 집중하도록 되어야 한다.

7:38 결혼하는 자도 잘하거니와. 약혼한 이가 '결혼에 이르는 것'은 마땅한 일이다. 잘 하는 일이다. **결혼하지 아니하는 자는 더 잘하는 것이니라.** 때로는 '약혼녀를 그대로 두기로 하여도' 잘하는 것이다. 물론 당시 사회에서는 결혼하지 않는 것을 매우 잘못된 것으로 생각하였다. 인구가 매우 적었던 당시에는 결혼하지 않으면 벌금을 매기는 법을 만들 정도로 결혼에 대해 강력히 권고하는 사회였다. 사회에 역행하는 것이 얼마나 어려운 일인가? 그래서 '더 잘하는 것이니라'는 표현을 쓰고 있는 것 같다. 결혼하지 않기로 결정할 때까지 얼마나 많이 고민하였을까? 최종적으로 믿음을 위하여 결혼하지 않기로 결정하였다면 그것 또한 참 잘 한 것이다.

7:40 그냥 지내는 것이 더욱 복이 있으리로다. 39-40절은 과부에 대한 이야기다. 과부는 남편을 잃으면 다시 결혼할 수 있다. 그렇게 재혼하고자 한다면 오직 믿음 안에서 해야 한다. 그런데 '그냥 지내는 것이 더욱 복이 있으리로다'라고 말한다. 더 행복할 것이라 말이다. 아마 그것이 하나님의 일에 더 관심을 집중할 수 있을 때의 이야기 일 것이다. 항상 중요한 것은 외적인 모양이 아니다. 그 일을 통해 '하나님께 더 집중할 수 있는지 않은지'이다. 나는 오늘날에는 결혼하는 것이 하나님께 더 집중할 수 있다고 생각한다. 그가 우선순위만 정확히 돼 있는 사람이라면 결혼하는 것이 하나님 나라의 일에 관심을 쏟을 수 있는 총량이 더 늘어난다고 생각한다. 물론 결혼함으로 책임져야 하는 가정의 일이 있지만 두 사람이 만나면 '1+1=2'가 되는 것이 아니라 2 이상의 더

큰 효과가 생기고 마음만 하나가 되면 하나님의 일에 더 힘을 쏟을 수 있기 때문에 결혼하는 것이 하나님의 일에 더 효과적이라고 생각한다.

8 장

8:1-11:1 여섯 번째 문제. *우상의 제물에 대해*

8:1 우상의 제물에 대하여. 두 번째 질문의 피상적 문제는 '우상에 바쳐진 제물(고기)을 먹는 것'에 대한 이야기다. 이것을 잘 이해하기 위해서는 자유에 대한 바른 관점을 가져야 한다. **우리가 다 지식이 있는 줄을 아나.** 질문하는 사람들이 자신들은 바른 지식을 가지고 있다고 생각하였다. 그것이 문제였다. **지식은 교만하게 하며 사랑은 덕을 세우나니.** 지식은 좋은 것이다. 칼이 흉기가 아니라 좋은 도구가 되기 위해서는 그것을 사용하는 사람이 잘 사용해야 한다. 잘못 사용하여 '교만'하게 되지 말고 잘 사용하여 '덕을 세우는 것'이 되어야 한다. 지식을 잘 사용하기 위해 지식에 사랑을 더하여 덕을 세워야 한다.

8:2 누구든지 무엇을 아는 줄로 생각하면...알지 못하는 것이요. 안다고 생각하여 주변을 살피지 않고 행동하면 무지한 행동이 된다. 지식은 항상 주변을 살펴야 한다. 기계적인 것이 아니라 관계적이기 때문이다.

8:3 하나님을 사랑하면...하나님도 알아 주시느니라. 사랑은 지식을 바른 지식이 되게 한다. 지식을 충만하게 한다. 지식에 사랑을 더해야 하나님을 아는 지식에까지 이른다.

8:4 우상은 세상에 아무것도 아니며 또한 하나님은 한 분 밖에 없는 줄 아노라. 그들의 말은 정확히 맞다. 그러나 그것이 '우상에 바쳐진 고기를 먹으라'는 뜻은 아니다. 지식은 관계 속에서 생각해야 하기 때문이다.

8:7 이 지식은 모든 사람에게 있는 것은 아니므로. 어떤 사람은 그러한 지식을 아직 모르고 있다. 그들은 우상에게 바쳐진 고기를 먹는 것이 '양심이 약하여지고 더러워지는 일'이었다. 그들이 잘 모르고 있으면 가르쳐 주면 되는 것일까? **어떤 이들은 지금까지 우상에 대한 습관이 있어.** 습관은 하루 아침에 바꿀 수 있는 것이 아니다. 그러기에 지식을 가진 사람이 지식이 없는 사람을 배려해야 한다.
세상은 지식이 곧 권력이다. 지식을 가진 사람과 지식이 없는 사람이 있을 때 사람들은 지식을 가진 사람에 맞추어야 한다고 생각한다. 지식을 가진 사람은 지식이 없는 사람 위에 군림한다. 그러나 기독교 세계관은 그렇지 않다. 지식이 중요하다. 그러나 지식이 없는 사람위에 군림하는 것이 되어서는 안 된다. 오히려 밑에서 섬겨야 한다.

8:8 음식은 우리를 하나님 앞에 내세우지 못하나니. 우상에게 제사 드린 고기를 먹음으로 하나님께 더 가까이 갈 수 있는 문제라면 지식이 없는 사람을 가르쳐서 먹게 해야 한다. 그러나 음식을 먹는 것이 하나님께 더 가까이 가게 하는 것이 아니다. 그렇다면 음식이 아니라 사람에게 초점을 맞추어야 한다.

8:9 너희의 자유가 믿음이...걸려 넘어지게 하는 것이 되지 않도록 조심하라. 지식을 가진 사람은 먹어도 되고 먹지 않아도 된다. 그러나 지식이 없는 사람은 먹지 말아야만 한다. 그렇다면 지식을 가진 사람이 지식이 없는 사람을 배려하는 것이 필요하다.

8:10 우상의 집. 이방 신전에서 먹고 마시는 것을 말한다. 우상에게 드려진 음식을 먹는 문제는 주로 신전의 만찬참여 문제였다. 이것은

도시의 중심적 행사였고 중요한 일이다. 사람을 사귀며 정치와 경제의 중요한 일들이 일어나는 중심지이기도 하였다. 우상에게 바쳐진 음식을 먹는 것이지만 사회 생활에서 중요하였다. 그러나 그것보다 사람이 더 중요하다.

믿음이 약한 자들의 양심이 담력을 얻어 우상의 제물을 먹게 되지 않겠느냐. 지식 있는 사람이 먹는 것은 문제가 되지 않는다. 그러나 지식 없는 사람이 그것을 먹을 때 죄로 여기면서 먹으면 죄가 된다. 지식 있는 사람이 신전에서 먹고 있는 것을 보고 지식 없는 사람이 양심이 거리낌이 있으면서도 '저 사람도 먹으니 나도 먹는다'고 생각하면 지식 있는 사람이 지식 없는 사람을 죄에 빠지게 한 것이다. 결국 지식 있는 사람도 죄가 된다.

8:13 음식이 내 형제를 실족하게 한다면 나는 영원히 고기를 먹지 아니하며. 음식을 먹어 더 건강하게 되고 사업이 더 번창하게 될지는 모르지만 그것 때문에 '형제가 실족'한다면 그것은 큰 것을 잃은 것이다. 그렇다면 차라리 바울은 영원히 고기를 먹지 않겠다고 말한다. 사람을 실족하게 하는 것은 어떤 것보다 더 큰 문제이기 때문이다.

9 장

9:1 내가 자유인이 아니냐. 바울도 고린도 사람들처럼 고기를 먹을 자유를 가지고 있다. 그것 만이 아니라 자신을 위해 살아갈 자유를 가지고 있다. 그러나 바울은 자신의 자유를 제한하고 복음을 위해 죽을 고생을 하고 있다. 고린도 교인들이 겪고 있는 자유제한은 작고 바울이 겪고 있는 자유제한은 컸다. **사도가 아니냐 예수 우리 주를 보지 못하였느냐.** 바울은 사도로서 권위를 가지고 있다. 그러나 그 권위를

사용할 자유를 스스로 제한하였다. 그는 마치 권위가 없는 사람처럼 권위를 사용하지 않았다.

9:4-5 권리가 없겠느냐. 바울은 신전의 고기를 먹지 않을 뿐만 아니라 복음을 위해 수많은 먹을 것과 마실 것을 포기해야만 했던 때가 많았다. 먹고 마실 권리가 없어서 가 아니라 복음을 위하여 권리를 포기하였다. **믿음의 아내와 함께 할 권리.** 바울은 바리새인으로서 당연히 결혼을 하였을 것이다. 그러나 지금은 사별인지 어떤 이유인지 모르나 아내와 함께 하지 않는다. 아내와 함께 할 권리를 포기한 것이다.

9:12 우리가 이 권리를 쓰지 아니하고. 바울은 권리를 가지고 있었다. 그러나 그것을 사용하지 않았다. 고린도 교인들에게도 '신전 만찬에 참여'하는 자유와 권리를 가지고 있지만 그것을 사용하지 말라고 말한다. 바울은 그렇게 말할 자격이 있었다. **권리를 쓰지 아니하고 범사에 참는 것은.** 권리를 가지고 있어 사용하는 것이 훨씬 더 편함에도 불구하고 그 권리를 사용하지 않았다. 누가 먹고 마시고 싶지 않겠는가? 누가 더 편한 것을 싫어하겠는가? 권리를 사용하지 않는 것은 많은 어려움을 겪게 된다는 것을 의미한다. 그럼에도 불구하고 권리를 사용하지 않고 그 어려움을 참았다. **그리스도의 복음에 아무 장애가 없게 하려 함이로다.** 바울이 당연한 권리를 사용하지 않고 마치 권리가 없는 것처럼 행한 것은 복음의 진보를 위한 것이다. 자신이 권리를 사용할 때 다른 이들이 복음을 우습게 여길까 봐 그렇게 하였다. 자신은 복음을 전하였지만 다른 사람들은 여러 다른 생각을 가지고 있어 복음에 조금이라도 해가 되지 않도록 권리를 포기하였다.

9:13 성전의 일을 하는 이들은 성전에서 나는 것을 먹으며. 성전에서 제사를 드리면 제사장의 몫이 있다. 제사장이 그것을 먹는 것은 그들의 몫이었고 마땅한 권리였다.

9:14 복음 전하는 자들이 복음으로 말미암아 살리라. 복음을 전하는 이들도 복음을 위하여 일하기 때문에 사람들은 그들의 생계를 책임져 주어야 한다.

9:15 내가 이것을 하나도 쓰지 아니하였고. '권리'와 '권리의 사용'은 다르다. 바울은 복음을 고린도 교회에 복음을 전하고 돈을 받지 않았다. 권리를 사용하지 않았다. **이 말을 쓰는 것은 내게 이같이 하여 달라는 것이 아니라.** 그가 지금 그런 말을 쓰게 된 이유는 이제라도 바울이 권리를 사용하겠다는 말이 아니다. 바울이 권리를 사용하지 않은 이유가 있다. **내가 차라리 죽을지언정 누구든지 내 자랑하는 것을 헛된 데로 돌리지 못하게 하리라.** 바울이 자신의 목숨보다 더 소중히 여기는 것이 있다. 그가 전하는 복음이다. 복음이 소중하였기 때문에 복음만이 드러나도록 대가 없이 복음을 전하였다.

9:16 자랑할 것이 없음. 복음을 전하는 것이 그에게 '자랑'이 될 수 없었다. 그가 복음을 전하는 것은 '부득불 할 일'이었다. 그가 복음을 전하는 것은 마땅히 해야 하는 일이다. 마땅히 해야 할 일을 하고 자랑이 되는 경우는 없다.
만일 복음을 전하지 아니하면 내게 화가 있을 것이로다. 바울은 자신이 복음을 전하지 않으면 자신에게 '해'가 될 줄을 알고 있었다. 그러니 그가 복음을 전하는 것은 이리보고 저리 보아도 매우 당연한 일이다. 그것은 잘하는 일이 아니라 당연한 일이다.

9:17 내가 자의로 아니한다 할지라도 나는 사명을 받았노라. 자의와 상관없이 그가 복음을 전하지 않는 일은 상상도 할 수 없는 일이다. 하나님께서 부르셨고 받은 그 은혜를 전하지 않는 것은 상상할 수 없는 일이었다. 그러기에 복음을 전하는 것은 상을 받을 일일 수는 있어도 그에게 복음을 전하지 않는 것은 상상도 할 수 없는 일이기에 상급을 말할 대상이 되지 못하였다.

9:18 내 상이 무엇이냐 내가 복음을 전할 때에 값없이 전하고. 그는 복음을 전할 때 대가를 받을 수 있었다. 순회 강사로 연설하는 이들이 대가를 얻었다. 전도자들도 마땅히 얻을 수 있다. 그것이 자신의 권리라는 것을 알았다. 그러나 그는 복음의 순수성과 진보를 위하여 자신의 권리를 포기하였다. 만약 자신에게 상급이 있다면 그러한 '권리 포기'를 하나님께서 기쁘게 받아주시지 않을까 하는 마음을 표현한다. 물론 그것도 은혜이지만 말이다. 상급도 은혜로 받는 것이다. 그러나 상급이라는 말을 사용한다면 그러한 권리 포기에 사용할 수 있지 않겠느냐고 말하는 것이다.

바울이 이러한 말을 하는 것은 고린도 교회에 권리포기를 권하기 위한 것이다. 고린도 교인들이 신전만찬에 참여할 권리를 포기하면 그것이 손해가 되겠지만 하나님께서 상급을 주실 것이기에 손해가 아니라 이익이 될 것이라고 말하고 있다. 신앙인이 세상에서 마땅한 권리를 포기하는 것은 은혜에 대한 반응이다. 그러나 그러한 권리 포기에 대해 하나님께서 상급을 주실 것이다. 세상에서의 권리포기는 결코 쉬운 것이 아니기 때문에 하나님께서 더욱 기쁘게 받으신다. 상을 주신다.

9:19 내가 모든 사람에게서 자유로우나 스스로 모든 사람에게 종이 된 것은. 직역하면 '내가 나를 종으로 만들었다'이다. 바울이 스스로를 종으로 만들었다. 세상 사람들은 출세를 위해 자신을 누군가의 종으로 만들지만 바울은 누군가의 종이 아니라 모든 사람의 종으로 스스로 그렇게 만들었다. **더 많은 사람을 얻고자 함이라.** 세상 사람들은 자신의 출세를 위해 그렇게 하지만 바울은 '복음을 위하여' 그렇게 하였다. 사람들이 복음을 듣고 구원 얻기를 원했다. 사람을 이용하기 위해 종이 된 것이 아니라 자신을 주어 그 사람이 구원에 이르도록 하기 위해 종이 되었다.

9:22 아무쪼록 몇 사람이라도 구원하고자 함이니. 그는 모든 것에 자유 하였다. 그러나 스스로를 무엇인가에 매이게 만들었다. 어떤 사람이

구원을 얻도록 하기 위함이다. 그가 무엇인가에 매이는 것은 작은 일이고 누군가 구원을 받는 것은 큰 일이기 때문이다.

9:23 복음을 위하여 모든 것을 행함은. 그는 늘 복음을 생각하였다. 복음이라는 목적 아래에 자신의 자유 제한과 불편함을 감수하였다. **복음에 참여하고자 함이라.** 복음은 영광스러운 일이다. 복음은 사람을 구원하며 생명으로 이끄는 것이다. 그러기에 그가 비록 자신을 종처럼 자유를 제한하게 만드는 일이라 하여도 복음이 전파되는 것이라면 기꺼이 자신을 낮추었다. 자신이 종이 됨으로 누군가에게 복음이 전해진다면 그가 복음에 참여한 자가 되기 때문이다. 영광스러운 복음에 아주 작은 부분이라도 참여자가 되고 동역자가 된다는 것은 참으로 영광스러운 일이다. 바울은 그것을 알고 있었다.

9:24 운동장에서 달음질하는 자들. 고린도에서 2 년마다 큰 경기가 있었다. 체육경기 중에서 트랙에서의 달리기가 하이라이트였다. 모두 열심히 달리지만 상을 받는 이는 한 사람이었다. 오늘날처럼 '금은동'이 있는 것이 아니라 1 등만 면류관을 받았다. 명예를 얻었다. 이것은 신앙도 1 등만 얻는다는 것을 의미하는 것은 아니다. 그러나 1 등하기 위해 수없이 많은 훈련을 하고 열심히 달려야 하는 것을 말한다. 아주 열심히 달려야 한다. 열심히 달리지 않은 사람이 상을 타는 일은 없다.

9:25 모든 일에 절제하나니. 고린도에서 선수들은 운동에 나가기 위해 10 개월 동안 고기와 술과 성을 멀리하겠다는 서약을 하였다. 그러한 절제 없이 운동선수로 나갈 수 없었다. **썩을 승리자의 관.** 고린도에서는 1 등한 사람에게 소나무 잎으로 만든 화관을 주었다. 오늘날 축하할 때 꽃으로 만든 목걸이를 주는 것과 비슷하다. 식물의 잎으로 만들어진 그러한 관은 기념하기 위해 오랫동안 간직하고 싶겠지만 얼마 지나지 않아 썩을 것이다. **썩지 아니할 것을 얻고자 하노라.** 이것을 얻고자 하는

신앙인은 얼마나 더 절제해야 할까? 더 값진 것을 원한다면 더 많이 절제해야 한다.

9:26 달음질하기를 향방 없는 것 같이 아니하고. 자신은 달리기를 하고 있는데 달리는 방향을 모르고 하지 않는다고 말한다. 분명한 목적지를 두고 달려가고 있다. 목적지를 향해 모든 힘을 다해 달려가고 있다. **싸우기를 허공을 치는 것 같이 아니하며.** '싸움'은 권투를 의미한다. 권투를 하는 선수가 상대방을 치는 것이 아니라 허공에다 주먹을 날린다면 얼마나 의미 없겠는가? 적을 노려보며 정확히 쳐야 한다. 적은 누구일까?

9:27 내가 내 몸을 쳐. 바울은 권투 시합을 하는데 적이 바로 '자신의 몸'이라고 말한다. '복종하게 함'은 '나를 노예로 만들다'이다. 바울은 자기 자신이 노예 해방을 주장하며 빠져나가려는 것을 보았다. 그래서 자기 자신을 쳐 복종시켜 노예로 만들었다. 앞에서 말한 것처럼 사람들의 노예로 만들었다. 바울에게도 힘든 일이었다. 자유를 제한하고 사람들의 종이 되도록 만드는 일은 힘든 일이어서 포기하고 싶은 생각이 들 때가 많다. 그러나 그때마다 자신을 쳐 복종시켜 종으로 만들었다. 그에게는 가야 하는 원대한 꿈이 있었다. 상이 있었다. 그것을 위해 자기 자신을 쳐 복종시켰다.
버림을 당할까 두려워함이로다. 버림받는 '자격 없음'이 구원에 자격 없음이 될 수도 있고, 상급에 자격 없음으로 해석할 수도 있다. 후자일 가능성이 높다. 큰 틀에서는 둘 다 포함할 것이다. 목적을 분명히 하고 자신을 쳐 복종시키지 않으면 우리는 어느새 목적지를 잃어버리고 자신의 편안함만 찾고 있을 수 있다. 그래서 바울은 자신을 계속 쳐 복종시키며 복음의 길을 갔다고 말한다. 우리도 그리해야 한다. 죽을 때까지 그리해야 한다. 자신을 쳐 복종시켜야 한다. 자신과의 권투 시합이 늘 필요하다. 자신의 주먹에 맞은 멍든 자국이 필요하다. 영광의 상처다.

10 장

10:1 이 구절은 앞 구절과 밀접한 연관성이 있다. 자신의 권리포기와 자유절제에 대해 말하고 이제 한 가지 더 예를 말하고 있다. **우리 조상.** 고린도 교인들은 유대인이 아니라 이방인들이 주류를 이루고 있었다. 출애굽하였던 유대인들을 '우리 조상'이라고 말하는 것은 믿음의 조상이기 때문이다. 고린도 교인들은 출애굽한 유대인들을 유대인이라 말하지 말고 자신들의 믿음의 조상이라 말해야 한다. 우리 또한 그러하다. **구름...바다.** 출애굽할 때 하나님께서 구름 기둥으로 그들과 함께 하신 것을 말하고 '바다'는 그들이 '홍해'를 건넌 것을 의미한다. 그들은 그렇게 대단한 일을 겪었다. 눈 앞에서 다시는 경험할 수 없는 일이요 이후 믿음의 후손들이 두고두고 기억해야 하는 일을 경험하였다. 그것을 직접 경험한 그들은 참으로 복된 세대라고 할 수 있다.

10:5 다수를 하나님이 기뻐하지 아니하셨으므로 그들이 광야에서 멸망을 받았다. '광야에서 멸망을 받았다'는 것은 지옥행을 의미하는 것이 아니라 광야에서 죽은 것을 말한다. 가나안에 들어가지 못하고 광야에서 죽은 것은 일정 부분 심판의 측면이다. 그들의 멸망, 자격 없음은 그들 중에는 지옥에 간 사람도 있을 것이기에 지옥과 상 받지 못함이라는 두 가지 측면을 어느 정도 다 포함한다 할 수 있다. 그러기에 늘 두렵고 떨림의 마음을 가져야 한다. 그들의 절대 다수가 가나안에 들어가지 못하였다. 그것은 참으로 가슴 아픈 일이었다.

10:6 이러한 일은 우리의 본보기가 되어. 고린도 교인들에게 본보기가 되어야 한다. 오늘날 우리들에게 도 본보기가 되어야 한다. 그것을 보면서 그들이 '악을 즐겨 한 것'이며 그것이 얼마나 엄청난 결과를 가져왔는지를 눈 여겨 보아야 한다. 그것이 혹 지옥행이 아니라 풍성한 상급을 받지 못한 것이라 하여도 매우 악한 일이며 중요한 일이라고 말하고 있다.

10:11 그들에게 일어난 일은 본보기가 되어 말세를 만난 우리를 깨우치기 위하여 기록되었느니라. 우리는 교훈을 받아야 한다. 엄한 교훈으로 들어야 한다. 권리를 포기하고 자유를 절제하는 일에 처절한 자기와의 싸움을 하는 일에 게을리하고 있다면 그들을 통해 분명한 경고를 들어야 한다.

10:12 선 줄로 생각하는 자는 넘어질까 조심하라. 고린도 교인들은 '선 줄로 생각'한 사람들이 많았다. 신전만찬에 참여하지 않는 이들은 지식이 없는 사람이고 자신들은 바른 지식을 가지고 있어 참여해도 된다고 생각하였다. 오히려 지식 없는 이들을 무시하였다. 신전 만찬 음식에 대한 그들의 의견은 맞다. 그러나 작은 지식 하나 때문에 다른 많은 것을 보지 못하고 있었다. 그들은 자신들이 맞다고 생각하기 때문에 잘못된 많은 것을 행하고 있었다. 자신들이 옳다고 생각하였지만 아니었다. 광야에서 수많은 놀라운 일을 겪은 이스라엘 백성들이 결국 가나안에 들어가지 못하였다. 홍해를 건너고 매일 만나를 먹고 구름 기둥을 보면서 살고 있었는데 결국 넘어졌다. 우리는 그렇게 약한 사람이다. 우리의 지식도 적다. 믿음도 작다. 그러기에 너무 자신하지 말아야 한다. 늘 '넘어질까' 조심해야 한다. 바울이 늘 '자기 자신을 쳐 복종시킨 것'은 죄성이 더 많기 때문에 그런 것이 아니다. 우리 모두가 그렇게 두렵고 떨림으로 살아야 한다.

10:13 감당할 시험 밖에는 너희가 당한 것이 없나니. 사람들은 넘어지면서 계속 '합리화'한다. 이스라엘 백성이 가나안에 들어가지 못하고 광야에 그들의 무덤이 있게 된 것은 어쩔 수 없는 것이 아니었다. 그들이 자기 절제에 실패하였기 때문이다.

10:14 우상숭배하는 일을 피하라. 고린도 교인들이 신전 만찬에 참여하는 것이 '우상숭배의 일이 된다'고 말한다. 이 말을 들으면 고린도 교인들은 강하게 반박할 것이다. '우리가 언제 우상숭배의 일을

하였습니까?'라고 물을 것이다. 자신들이 우상숭배의 길을 가고 있다고 생각하지 않았다.

10:15 나는 지혜 있는 자들에게 말함과 같이 하노니. '당신들이 스스로 지혜 있다 생각하고 있는데 그렇게 지혜가 있으면 이치를 잘 따져보며 생각해 보라'고 말한다. 진정 신전 만찬 참여가 신앙 때문에 가고 있는 것인지 자기의 편안함을 위해 가고 있는 것인지. 자신의 편안을 위해 가고 있다면 그것은 분명 우상숭배다. 우상에 대해 국어사전은 '신처럼 숭배의 대상이 되는 물건이나 사람'이라 정의한다. 신이 아닌데 신처럼 숭배되고 사랑받는 것이다. 고린도 교인들은 신전의 신을 신으로 생각하지 않았다. 그러니 그들의 생각대로라면 우상숭배가 아니다. 그러나 바울은 그들이 '우상숭배에 가깝다'고 말한다.

10:16 성찬을 예로 들어 설명한다. 성찬은 빵과 잔을 통해 그리스도의 몸과 피에 참여하는 것이다. 빵과 잔에 그리스도의 임재가 있다. 성찬을 통해 신앙인은 그리스도와 교제하며 하나가 된다. 그들이 이방 신전 만찬에 참여하는 것은 신전의 이름이 내포하고 있는 신과의 교제요 참여다.

10:20 이방인이 제사하는 것은 귀신에게 하는 것이요. 만찬에 고기를 내놓기 전 그 고기를 먼저 신전의 신에게 바치는 제사의식을 행하였다. 신전에서 제사는 실제 신이 아니라 하여도 최소한 그 신전을 통해 군림하는 '악령'에게 하는 것이다. 신앙인은 '세상에 하나님 말고 어떤 신도 없기 때문에 다른 신에게 바친다는 것은 다 가짜다'라고 믿고 있어도 신전에서 바쳐지는 희생 제사는 신은 아니어도 최소한 악령에게 바쳐진 것이다. 신은 아니어도 악령의 일들이 가득하며 자신도 모르게 악령과 사귀는 일이다. 악령이 이 당시 고린도에서는 신전이라는 아름다운 건축물과 화려한 문화로 둔갑하여 사람들의 마음을 빼앗았다. 악령은 카멜레온이다. 수많은 이름으로 사람들 속에 침투하고 자신과

함께하게 만든다. 가장 중요한 것은 사람들을 하나님으로부터 멀리하게 만드는 일이다. 하나님으로부터 멀어지게 하는 모든 것이 악령의 일이다. **하나님께 제사하는 것이 아니니.** 신전 만찬에 참여하면서 하나님께 기도하면서 먹었을까? 신전 만찬에 참여하면 하나님을 향한 믿음이 더욱더 커졌을까? 그렇게 참여하면서 하나님께서 말씀하신 일을 더 잘하게 되었을까?

10:21 주의 식탁과 귀신의 식탁에 겸하여 참여하지 못하리라. 고린도의 여러 교인들이 겸하여 참여하고 있었다. 그런데 겸하여 참여하지 못한다는 것은 무슨 말일까? 결국 두 주인을 섬기지 못한다는 말이다. 결국 우선순위를 확실히 해야 한다. 누구를 주인으로 할 것인지. 하나님인지 아니면 신전 만찬을 통한 세상 출세 길 인지. 믿음을 부차적인 것으로 생각하는 신앙인이 많다. 믿음은 최우선순위가 아니면 믿음이 아니다. 사람마다 최우선순위로 두고 있는 것이 있는데 사실 그것이 그 사람의 신념이요 종교다.

10:22 우리가 주를 노여워하시게 하겠느냐. '노여움'은 '질투하심'으로 번역하는 것이 더 좋다. 우리가 하나님을 최우선으로 사랑하지 않으면 질투하신다. 최소한 나를 위해 죽으신 사랑만큼은 사랑해야 한다. '어찌 나를 위해 죽으셨단 말인가 나도 주를 위해 죽겠다'고 말해야 사랑이 맞닿게 된다. 그래야 서로 사랑이다.

10:23 모든 것이 가하나. 고린도 교인들의 주장이다. 신전 만찬에 참여하여 먹을 수 있다. 법적으로 옳다. 그러나 바울은 그것이 잘못임을 단호히 말한다. **모든 것이 유익한 것은 아니요.** 법으로 옳아도 하나님 나라에 유익한 것은 아니었다. 법이라는 것은 특별한 한계를 말하는 것이지 그 안에서 모든 것을 해도 되는 것은 아니다.

10:24 남의 유익을 구하라. 사람은 자신의 유익을 구하며 산다. 그러나 남의 유익을 구하지 않는 자신의 유익은 이기주의가 되며 잘못된

유익이다. 남의 유익을 구할 때 자신에게 진정한 유익이 된다. 그러기에 자신의 유익을 구하고자 한다면 그것이 다른 사람에게 유익을 주는 것인지 잘 살펴야 한다.

10:25 남의 유익을 구하는 것에 대해 구체적으로 예를 들어 설명한다. **시장에서 파는 것은 묻지 말고 먹으라.** 시장에서 파는 고기에 대해 마치 심문하듯이 그 고기가 신전에 바쳐진 것인지 아닌지 따지지 말라는 것이다. 자신이 깨끗하기 위해 고기의 출처를 따지면 그 사람은 마치 거룩한 것처럼 보일지 모르지만 그것은 시장 고기를 파는 사람을 괴롭히는 것이 될 것이다. 사실 그 고기를 안 먹는 것이 깨끗한 것도 아니다.

10:26 사실 어떤 고기도 먹는 데는 문제가 되지 않는다. 하나님께서 주신 것이기 때문이다. 신전만찬 고기를 먹지 않는 것은 남의 유익을 구하는 측면이다. 그러니 시장에서 파는 고기에 대해 그렇게 따질 필요는 없다.

10:27 **불신자 중 누가 너희를 청할 때.** 불신자의 집에서 고기를 먹을 때도 그것이 신전에 바쳤었던 고기인지 물을 필요가 없다. 그것은 청한 사람을 괴롭히는 것이다. 식사에 청한 사람의 좋은 마음을 그대로 받으면 된다. 이와 같은 설명은 아주 특이한 조항 같다. 그러나 바울은 이 실례를 통해 신앙인이 다른 사람의 유익을 위해 어떻게 살아야 하는지를 잘 보여주고 있다.

10:31 **다 하나님의 영광을 위하여 하라.** 우리는 먹든지 마시든지 오직 하나님의 영광을 위해 살아야 한다. 그것이 우리의 소원이다. 그러한 우리의 목적과 소원이 가장 잘 드러나는 것이 바로 다른 사람의 유익을 위해 사는 모습이다.

10:32-33 **그들로 구원을 받게 하라.** 하나님의 영광을 위한 삶을 위해 다른 사람들과 관계에서 중요한 것이 무엇일까? 구원이다. 그들의 구원을

위해 무엇이 유익할지를 생각하면서 살아야 한다. 그것은 피곤하게 사는 것이 아니라 누군가의 생명을 구하는 것이다. 의사가 되기 위해 수많은 공부를 해야 한다. 그것은 피곤한 일이 아니라 사람의 생명을 살리기 위해 마땅히 해야 하는 공부다. 치료할 때 수많은 조건을 지키는 이유는 그것이 그들의 생명을 구하는 것이기 때문이다. 신앙인은 삶으로 그렇게 생명을 구해야 한다. 그래서 수많은 조건이 있다.

11장

11:1 내가 그리스도를 본받는 자가 된 것 같이. 이렇게 피곤하게 살아야 할 가장 중요한 이유는 무엇보다 예수님이 그렇게 사셨기 때문이다. 예수님이 가장 먼저 본을 보이셨다. 그래서 바울도 그렇게 살았고 고린도 교인들도 그렇게 살아야 한다.

앞의 내용은 신앙인의 자유헌장과 같다. 신앙인은 법 안에서 자유하다. 그러나 모든 것이 가능한 것이 아니라 자유 안에서 유익을 위해 살아야 한다. 인생이 존귀하기 때문이다. 유익의 대명제는 다른 사람의 유익을 생각하는 것이다. 유익은 무엇보다 구원을 생각하는 것이다. 그것이 하나님의 영광을 위해 사는 사람의 가장 중요한 원칙이다. 그리스도를 본받는 길이다.

11:2-16 일곱 번째 문제(*고린도 교회의 3번째 질문*). *예배 규범*

11:3 고린도 교인들이 예배할 때 가장 사소하면서도 가장 중요한 문제가 하나 대두되었던 것으로 보인다. '머리에 무엇을 쓰고' 예배를 드리는 문제다. 그것에 대해 설명하기 위해 3절을 대원칙으로 제시한다.

남자의 머리는 그리스도요 여자의 머리는 남자요. 본문의 해석이 어렵고 다양하다. 그런데 예배의 정의와 이 구절을 잘 생각하면 이것이 무엇을 의미하는지 알 수 있다. 예배에서 그리스도는 '드러나야' 하고 남자는 '가려져야'한다. 따라서 남자는 머리(그리스도)를 가리지 말고 여자는 머리(남자)를 가려야 한다. 이 원칙을 기억하면 다양한 해석 속에서 해석은 달라도 원칙은 같다는 것을 알 수 있다.

'왜' 남자의 머리는 그리스도요, 여자의 머리는 남자라고 말하는지에 대해서는 다양한 해석이 가능하다. 먼저 본문의 남자와 여자는 일반적인 남자와 여자를 의미하기 보다는 남편과 아내를 의미하는 것으로 보는 것이 문맥에서 어울린다. 먼저 '머리'는 권위를 의미한다. 남자는 그 위에 권위자로서 그리스도를 두어야 한다. 권위자인 그리스도가 드러나도록 해야 한다. '여자의 머리는 남자'라고 말한다. 여자는 남자의 권위를 드러내야 한다. 교회에서 자신을 드러내기 보다는 남편의 권위를 세워주는 것이 좋다.

'머리 이야기' 때문에 남녀평등 문제를 말하는 사람들도 있다. 그러나 이것은 기능에 대한 이야기다. '그리스도의 머리는 하나님이시라'는 구절은 이해에 도움을 준다. 그리스도는 기능상 하나님 아버지께 권위를 드린다. 그러나 본질적인 면에 있어서는 성부 하나님과 성자 하나님이 동일본질이다. 그러니 '여자의 머리는 남자'라고 말할 때 가정의 기능상으로는 남편에게 권위가 있어도 본질적으로 존귀함은 동일하다.

11:4 남자로서 머리에 무엇을 쓰고 기도하면 그 머리를 욕되게 하는 것이요. 왜 이렇게 말할까? 당시 황제 신전에 있는 동상에서 황제의 옷을 보면 머리를 감싸고 있다. 로마의 고위급들이 머리를 옷으로 감싼 경우가 있었는데 그것은 그 사람의 신분이 높다는 것을 드러내기 위해 그렇게 하였다. 로마의 고위급 사람이 교회에 와서 그렇게 머리를 감싸고 있다면 그것은 하나님을 드러내지 않고 자신의 신분을 드러내는 것이다. 그래서 그것은 자신을 드러내는 것이며 자신의 머리가 되시는 하나님을 가리고 욕되게 하는 것이다.

11:5 여자로서 머리에 쓴 것을 벗고...머리를 욕되게 하는 것. 이 당시 결혼한 여인은 머리에 두건을 써야 했다. 머리를 가려야 그 여인이

결혼한 여인이라는 것을 의미한다. 만약 머리에 무엇을 쓰지 않으면 결혼하지 않은 것을 의미한다. 그렇다면 그 모습은 마치 다른 남자를 유혹하는 것과 같으며 결혼하지 않았다고 하는 것이니 '그 머리(남편)'을 욕되게 하는 것이 된다. 왜 어떤 여인들은 머리에 무엇을 쓰는 것을 싫어하였을까? 아마 '예쁨' 때문에 그랬을 것이다. 그러나 여인은 머리를 가려야 결혼한 여인임을 밝히는 것이 되며 예배 때는 남편을 가리는 것이 되기도 한다.

머리를 민 것과 다름이 없음이라. 이 당시 간통을 한 경우 '머리를 미는 형벌'을 내렸다고 한다. 결혼한 여인이 머리를 드러내는 것은 남편이 없다는 표시이며 이후에 간통을 할 가능성이 많아 진다. 그러면 이미 간통을 한 것이나 다름없기 때문에 머리를 민 것과 같다고 말한다.

11:7 남자는 하나님의 형상과 영광이니 그 머리를 마땅히 가리지 않거니와. 남자가 예배할 때 머리를 가리지 말아야 할 것은 예배 때에 하나님의 영광이 드러나야 하기 때문이다. '남자가 하나님의 영광'이라고 말한 이유는 하나님께서 남자를 하나님의 형상으로 창조하셨기 때문일 것이다.

여자는 남자의 영광. 남자에게서 아름다운 여자가 나왔기 때문에 여자를 통해 남자의 영광이 드러난다. 그래서 여자는 예배 때에 머리를 가려야 한다. 예배는 하나님이 드러나야 하지 사람이 드러나는 곳이 되어서는 안 되기 때문이다. 이 원칙은 사소하면서도 매우 중요하다. 예배에서 사람이 드러나지 않고 하나님이 드러나는 것은 매우 중요하기 때문이다.

오늘날 예배하는 사람들은 이것을 명심해야 한다. 머리에 두건을 써야 하는지 말아야 하는지는 전혀 중요하지 않다. 어떻게 하든 상관없다. 오늘날은 예배 때 여성이 머리에 무엇을 쓰지 않았다 하여 이상하게 보는 사람이 없기 때문이다. 그러나 하나님이 드러나는 예배가 되어야 한다는 것은 아무리 강조해도 과하지 않다. 이것은 예배 규범의 가장 중요한 표준이다.

11:10 천사들로 말미암아...머리 위에 둘지니라. '천사'는 아마 사람이 말씀을 잘 지키는지 안 지키는지 지켜보는 존재로 말하기 위해 사용하였을 것이다. 아니면 '천사'는 '보냄을 받은 자'로서 교회 다니지 않는 사람들이 교회를 감시하기 위해 또는 어떤 지 살피기 위해 보낸 사람을 의미할 수도 있다. 여하튼 그런 외부의 관찰자가 있다는 것을 생각하면 더욱더 머리를 가려야 한다고 말하는 것이다.

11:14-15 남자에게 긴 머리가 있으면 자기에게 부끄러움이 되는 것을 본성이 너희에게 가르치지 아니하느냐. 남자의 긴 머리를 본성이 거부하는 것을 보니 머리를 다른 것으로 가리려 하지 말라는 말이다. 여기에서 긴 머리는 보통의 장발이 아니라 여자처럼 매우 긴 머리를 의미한다. 여기에서의 본성은 그 당시의 문화를 반영하는 측면도 상당할 것이다. 물론 오늘날에도 남자가 머리를 길게 하여 따고 다니면 이상하게 보인다. 그러나 바울 당시보다는 덜 이상하게 볼 것이다. 그렇다면 조금 다른 문제가 될 수 있다. 그러나 이 설명은 부가적 설명이다. 중요한 것은 예배에서 남자가 머리를 길게 하지 마라는 것이 아니다. 남자가 머리를 가리지 말아야 한다는 것을 말하는 것도 아니다. 오직 하나님이 드러나는 예배가 되어야 한다는 것이다.

11:17-34 여덟 번째 문제(고린도 교회의 4 번째 질문). *주의 만찬*

11:17 이 일에 너희를 칭찬하지 아니하나니. 이 문제는 고린도 교회가 완전히 잘못하고 있었다. **너희의 모임이 유익이 못되고 도리어 해로움이라.** 고린도 교회가 모임으로 오히려 해로움을 낳고 있었다. 참으로 큰 문제인 것을 알 수 있다.

11:20 주의 만찬을 먹을 수 없으니. "하지만 여러분이 한자리에 모여서 나누는 식사는 주님의 성찬을 나누는 것이라 할 수가 없습니다." (고전 11:20 공동번역) 고린도 교회가 모여서 식사를 하고 있었다. 그들은

분명히 주님의 성찬이라는 이름으로 먹었을 것이다. 그러나 바울은 그 식사가 주님의 성찬이라는 이름을 가지고 있어도 실제로는 주님의 성찬이 될 수 없다고 말한다.

11:21 각각 자기가 가져온 것을 먼저 먹어치우고...굶주리는 사람...만취하는 사람. 오늘날 성찬식에 참여하는 사람은 이 구절이 이해가 되지 않을 것이다. 오늘날 성찬은 하나의 의식으로 발전하여 그렇다. 본래 성찬은 식사였다. 빵을 먹기 전에 감사 기도하고 또한 식사 후에 잔을 마시며 기도하였다. 오늘날의 성찬식처럼 작은 빵과 작은 잔을 마시는 것이 아니다.

성찬은 매주 모일 때마다 진행되었다. 가정에서 모이기 때문에 식사를 한꺼번에 준비할 수 없었다. 각자가 먹을 음식으로 가져와서 식사를 함으로 성찬이 되었다. 그런데 문제는 가져오는 음식이 각자 달랐다는 것이다. 부요한 사람은 더 많은 음식을 가져오고 가난한 사람은 집에서도 굶는 경우가 있으니 교회에 올 때도 음식을 가져올 수 없는 경우가 있었다. 그것이 애찬식에서 이어졌다. 누군가는 배불리 먹고 누군가는 먹을 것이 없었다. 오늘날 보기에는 이상한 모습이다. 그러나 이 당시에는 이것을 당연하게 여겼던 것으로 보인다. 부요한 사람과 신분주의에 대한 잘못한 이해 때문일 것이다.

11:22 너희가 먹고 마실 집이 없느냐. 교회로 모여 함께 식사하는 것은 주의 만찬으로 하는 것이다. 그런 의미가 아니라면 왜 교회에서 성찬을 하겠는가? 그런데 고린도 교인들은 집에서 먹는 것과 동일하였다. 그들의 식사는 성찬이 되지 못하였다. 물론 감사 기도는 하였을 것이다. 그러나 성찬의 정신을 담고 있지 못하기 때문에 성찬이라 불릴 수 없었다. **교회를 업신여기고.** 부자들의 행동은 교회를 업신여기는 행동이었다. 교회로 모여 성찬을 한다면 교회의 법에 따라야 하는데 자신들의 음식이라고 자신들 멋대로 하였다. **빈궁한 자들을 부끄럽게 하느냐.** 먹을 것이 없는 사람은 부유한 이들이 먹을 때 그것을 보면서 무슨 생각을 하였을까? 가난한 이들은 항상 부유한 이들과 비교될 때 '창피함'을

느낀다. 먹을 것이 없어 성찬에도 참여할 수 없는 자신들의 처지가 참 처량하였을 것이다. 그런데 그것은 가난한 자의 문제가 아니라 부요한 자들의 문제였다.

11:23 예수께서 잡히시던 밤. 교회에서의 만찬은 성찬으로 하는 것이다. 성찬은 주님의 만찬이 시작이요 이유요 근거다. 그날도 평범한 만찬처럼 보였다. 그러나 그 날의 식사는 특별하였고 성찬이라 불린다.

11:24 이것은 너희를 위하는 내 몸이니. 예수님은 만찬에서 자신의 몸을 깨트리시는 상징으로서 빵을 주셨다. 그 빵은 처절한 낮아짐이요 깨트림이요 헌신이며 봉사다. 그런데 그 빵을 먹는다는 사람들이 주님을 따라 자신을 낮추는 것이 아니라 오히려 자신의 이기주의를 그대로 드러내어 누군가는 먹을 것이 전혀 없는데도 그들에게 주지 않고 자신의 배만 채우고 있다면 그것이 어찌 주님이 주신 빵이 될 수 있겠는가? **이것을 행하여 나를 기념하라.** 성찬으로 빵을 나누는 것은 주님이 깨트리신 몸을 기억하는 것이다. 그런데 자신의 작은 빵도 가난한 사람을 위해 나누어 주지 못하면 어찌 주님을 기억하는 것이겠는가? 주님은 모든 사람을 위하여 자신의 몸을 주셨다. 그런데 부자들이 가난한 자들을 위하여 자신들의 빵 하나 나누어 주지 못한다면 그것이 어찌 주님의 성찬이 될 수 있겠는가?

11:25 식후에 잔을 가지사 이 잔은 내 피로 세운 새 언약이니. 잔은 간식으로 먹는 것이 아니다. 오히려 더 진지하게 주님의 피로 맺어지는 새 언약을 생각해야 한다. 주님이 죽으심으로 죄가 사해졌으며 그 은혜로 새 언약이 맺어짐을 기억하는 것이다. 새 언약은 말씀에의 순종이며 형제를 사랑하는 것이다. 그런데 자신의 죄가 사해짐에 대한 감사도 없고 이웃을 사랑해야 하는 진지한 순종도 없다면 어찌 그 잔이 주님의 피를 상징하며 새언약 맺음을 말할 수 있겠는가? 그들이 취하게 마시는 잔은 결코 주님의 피가 될 수 없고 새언약이 될 수 없었다.

11:26 떡을 먹으며 잔을 마실 때마다. 주님의 성찬으로 '빵을 먹고 잔을 마신다는 것'은 무엇보다 '주의 죽으심을 그가 오실 때까지 전하는 것'이다. 놀라운 일이 일어났음을 고백하는 것이다. 그대로 재현하는 것이다. 주의 죽으심의 사랑이 담겨 있지 않으면 어찌 성찬이라 할 수 있을까?

11:27 주의 떡이나 잔을 합당하지 않게 먹고 마시는 자. '합당하지 않게 먹고 마신다는 것'은 무엇을 의미할까? 고등학교 때 세례를 받고 지금까지 수없이 성찬을 먹고 마셨다. 그때마다 오늘 본문을 많이 들었다. 그때마다 이 말씀을 들으면서 무엇을 생각하였을까? 주로 '성찬식에 합당하게'를 생각하였다. 세례를 받은 사람이라는 것, 조심스러운 마음이어야 한다는 것, 죄에 대한 고백 없이 먹는다는 것 등이다. 이것을 말할 때 사람들은 주로 하나님과 우리 사이를 생각한다. 곧 수직적 관계를 생각한다. 지금까지 성찬식에 대한 수없이 많은 책을 읽었다. 성찬에 대한 책은 거의 대부분 수직적 관계에 대해 다룬다. 그런데 성찬에 대해 가장 직접적인 가르침이 담긴 오늘 본문은 수직적 관계가 아니라 수평적 관계를 다룬다. 수평적 관계가 되어야 수직적 관계도 된다고 말한다.

합당하지 않게 먹고 마시는 자. 구체적으로 가난한 사람들을 향한 사랑과 배려 없이 먹는 것을 의미한다. 이기주의적 마음이다. 오늘날 성찬을 할 때 사람들이 합당하게 먹기 위해서는 수직적 관계만이 아니라 수평적 관계도 생각해야 한다. 자신이 지금 이기주의적 마음인지 아니면 이웃을 사랑하는 마음인지를 통해 수평적 관계가 바르도록 해야 한다. 수평적 관계인 이웃과의 관계가 바를 때 비로소 그는 성찬식에 합당하게 먹고 마실 수 있다.

주의 몸과 피에 대하여 죄를 짓는 것이니라. 가난한 사람에 대한 배려와 사랑이 없으면 이웃에 대한 죄만이 아니라 그가 먹고 마시는 주의 몸과 피에 대해서도 죄가 된다. 주님의 몸과 피는 철저히 죄인을 구원하고자 하는 주님의 뜻을 위해 주어진 것인데 그러한 마음 없이 단지 주의 몸과 피만 소비한다면 그것은 주님의 몸과 피를 오용하는 것이다. 욕되게 하는 것이다.

11:29 주의 몸을 분별하지 못하고 먹고 마시는 자. 그들은 성찬을 하고 있다. 일반 식사가 아니다. 성찬이라면 최소한 성찬을 주신 주님의 목적을 생각하고 분별해야 한다. 다른 사람의 죄를 대속하시는 주님의 목적에 맞게 다른 사람들을 생각하는 성찬이 되어야 한다.

11:30 약한 자와 병든 자가 많고 잠자는 자도 적지 아니하니. 모든 병이나 사망이 성찬식을 잘못하여 일어난 일은 아니지만 어떤 것은 잘못된 성찬식에서 일어났다고 말하고 있다. 그만큼 성찬식이 중요함을 의미한다. 그만큼 믿음으로 행하는 박애주의가 중요함을 의미한다.

11:33 모일 때에 서로 기다리라. 고린도 교회는 먼저 성찬을 하고 예배를 드렸던 것으로 보인다. 종이나 가난한 사람들은 성찬의 시간에 조금 더 늦을 수밖에 없을 것이다. 시간적 여유가 있는 부요한 이들은 먼저 와서 그들의 성찬을 먼저 해버렸다. 그들은 가난한 사람들이 늦게 오는 것이 못 마땅하고 그들을 기다린다는 것은 더욱 말도 안 될 수 있다. 그러나 가난한 사람들이 모여 함께 성찬할 수 있도록 기다려야 한다. 그것이 시간을 지키는 것보다 더 중요하다. 성찬은 '서로 기다리는' 배려 속에서 일어나야 한다. 가난한 사람을 향한 배려 없이 하나님만을 향해 '감사'하는 것은 위선이고 거짓이다. 참으로 바른 수직적 관계가 되기 위해서는 바른 수평적 관계가 필수다. 특히 가난한 사람이나 연약한 사람들을 향한 수평적 관계의 개선이 필수다.

가난한 사람을 배려하지 못하면 주님을 아무리 바라보아도 주님의 눈과 마주칠 수 없다. 주님은 그들을 바라보는 것이 아니라 세상의 구원받아야 할 사람들을 보시기 때문이다. 그러기에 주님의 눈과 마주치기 위해서는 주님의 눈을 보는 것이 아니라 주님의 눈이 보고 있는 것을 보아야 한다. 그렇게 함께 보면 주님의 마음과 만나게 될 것이다. 그것이 성찬식의 가장 중요한 핵심이다.

12 장

12:1-14:40 아홉 번째 문제(고린도 교회의 5 번째 질문). *성령의 은사*

12:1 신령한 것. '신령한 것'은 '성령의 은사' 또는 '영적인 사람' 등으로 번역할 수 있다. 성령의 역사에 대한 이야기다. 성령이 어떻게 역사하며 어떤 결과를 낳는지에 대해 알아야 한다.

고린도 교회에 문제를 일으키는 사람들이 있었다. 자신들 만이 가장 영적인 것처럼 주장하며 분열을 일으키는 사람들이 있었다. 아마 주로 방언을 말하는 이들이었던 것으로 보인다. 특이한 현상을 동반하기에 영적인 것으로 생각할 수 있고 열심이기에 교회에 유익을 끼칠 것 같으나 실상은 교회에 가장 문제가 되었다.

교회의 중심은 무엇보다 성령이다. 성령의 역사이다. 그런데 무엇이 성령의 역사이며 영적인 사람인지를 잘 알아야 한다. 성령의 역사는 이상한 말이나 특이한 것에 있는 것이 아니라 특별한 것에 있는데 그 특별함은 구원함에 이르는 믿음을 가지게 하는 것이다. 유일한 구원의 길이니 아주 특별하다. 또한 자신을 낮추고 다른 이들을 섬기는 것이다. 누가 자신을 낮추고 싶어하겠는가? 오직 성령의 일이다. 또한 분쟁이 아니라 화합하는 것을 말한다. 다르면 싸우지 누가 자기 의견을 접고 화합하려고 하겠는가? 오직 성령이 하시는 일이. 신령한 일이다.

12:2-3 우상에게로 끄는 그대로 끌려 갔다. 고린도 교인들이 이전에 성령을 모를 때는 우상에게 이끌렸다. 거짓의 길을 걸어가고 있었다. **성령으로 아니하고는 예수를 주시라 할 수 없느니라.** 고린도 교인들이 이제 예수님을 그들의 '주'로 고백하며 살고 있는데 그렇게 예수님을 믿는다는 것은 그들 안에 성령이 함께 하신다는 것을 의미한다. 자신이 예수님을 믿으면서도 '성령의 인도하심으로 믿음을 가지게 되었다'는 것을 모르는 사람들도 있다. 그 사람 안에 성령이 없어서 모르는 것이 아니라 성령이 그 사람 안에서 역사하시는 방식을 모르기 때문에 그렇게

생각하는 것이다. 분명한 것은 믿음을 가진 사람은 그 안에 성령이 역사하셨다는 것을 의미한다. 성령이 역사하고 계시다는 것을 의미한다. 고린도 교인들이 그것을 분명하게 알아야 한다. 성령이 하시는 가장 중요하고 궁극적인 일은 사람으로 하여금 '믿음'에 이르게 하는 것이다. 믿음이 없으면 성령이 없는 것이며 믿음이 있으면 성령이 있는 것이다.

12:4 은사는 여러 가지나. 사람들마다 잘하는 일이 다르다. 사람들은 자신들의 성향과 능력에 따라 일을 한다. 각자에게 주어진 성향과 능력을 따라 믿음에 이르게 될 때 그 여정 가운데 역사하시는 분은 오직 성령 하나님이시다. 그가 어떤 방식으로든 참된 믿음에 이르게 되면 성령 하나님께서 그를 인도하신 것이다.

12:7 유익하게 하려 하심. 성령 하나님께서 한 사람을 믿음으로 이끄시는 것은 그를 유익하게 하는 것이다.

12:8 어떤 사람에게는 지혜의 말씀을. 사람들은 지혜를 들으면 '사람의 현명함'을 생각한다. 그러나 성령의 인도하심이다. 성령이 이끄시는데 사람이 이끄는 것으로 착각하는 경향이 많다. 그러나 '성령으로 지혜의 말씀을'주신다고 말한다. 그의 지혜가 믿음에 이르게 하는 것이라면 분명히 성령이 이끄시는 것이다.

12:9 어떤 사람에게는 한 성령으로 병 고치는 은사. 병고침을 통해 믿음에 이르게 한다면 성령의 일이다. 그렇게 특이한 모습으로 나타날 수 있다. 그런데 어떤 이들은 이것만 성령의 일이라 생각하는 경향이 있다. 그러나 아무리 병이 고쳐져도 성령의 일이 아닌 것도 있다. 바른 믿음에 이르지 않는다면 그렇다. 이 은사는 성령의 일이 아닌데 성령의 일이라고 우기는 경향이 많다. 병을 고치는 다양한 방식이 있는데 그 중에 하나가 성령이 하시는 일이다. 믿음에 이르게 된다면 그것이 성령께서 하시는

일이다. 그러나 참된 믿음에 이르게 하는 것이 아니라면 성령이 하시는 일이 아니다.

12:10 각종 방언. 언어를 말하는 방언이나 각종 다양한 방언까지 포함한다. 아마 고린도 교회는 성령의 은사 중에 방언의 은사 때문에 많은 문제가 있었던 것 같다. 그래서 이것을 자주 언급한다. 그런데 그것은 성령의 은사 가운데 하나일 뿐이다. 그것도 믿음에 이르도록 유익을 끼칠 때 성령의 역사다. 믿음에 유익을 끼치지 않는다면 성령의 역사가 아니다.

12:11 이 모든 일은 같은 한 성령이 행하사. 한 분 성령께서 다양한 은사를 주시고 역사하신다. 성령의 은사는 성경에 언급한 것만 있는 것도 아니다. 성령께서 역사의 현장마다 그 때, 그 곳에 필요한 것을 주신다. **그의 뜻대로 각 사람에게 나누어 주시는 것.** 어떤 사람에게 어떤 은사를 주시고 어떻게 역사하실 지는 오직 성령께서 정하신다. 시대마다 믿음을 위해 주어지는 것이 다르고 다양하다. 오늘날 찬양의 은사가 많은 것 같다. 분명 성령 하나님께서 주시는 은사다. 그런데 만약 찬양이 바른 믿음으로 이어지는 것이 아니라면 성령의 역사가 아니다. 그러기에 노래를 멋있게 부르는 것이 아니라 참된 믿음에 이르도록 찬양하는 것이 중요하다. 어떤 것이라도 믿음으로 이끌 때 성령의 은사다.

12:12 몸의 지체가 많으나 한 몸. 몸 안에는 다양한 기능의 지체가 있다. 각 지체는 팔이나 발 등으로 불리지 않고 한 사람으로 불린다. '누구의 팔이 잘 했다'가 아니라 '누가 잘했다'라고 말한다. 오직 성령이 잘 하신 것이다. **그리스도도 그러하니라.** 교회를 '그리스도의 몸'이라 말한다. '그리스도'는 '그리스도의 몸'을 축약한 것이다. 그래서 '교회도 그러하니라'고 해석할 수 있다. 교회는 그리스도의 몸으로 상징되기 때문에 교회의 구성원은 그리스도의 몸의 각 지체를 형성하고 있다는 의미다.

12:13 유대인이나 헬라인이나 종이나 자유인. 고린도 교회를 이루고 있는 사람들은 유대인도 있었고 헬라인도 있었으며 사회적으로는 종도 있었고 자유인도 있었다. 민족의 차이와 신분의 차이는 세상에서 결코 뛰어 넘을 수 없는 큰 차이다. 그러나 교회에서는 다르다. **다 한 성령으로 세례를 받아 한 몸이 되었고.** 성령께서 각 사람에게 믿음을 주시고 세례를 받게 하셨다. 세례를 받은 각 사람에게 중요한 것은 이제 민족이나 신분이 아니다. 성령 하나님께서 그 안에 계시다는 것이 가장 중요하다. 한 사람의 정체성과 신분과 중요성에 있어 가장 중요하다. 성령이 없는 사람은 멸망이며 성령이 있는 사람은 영생이다. 그러니 이제 가장 중요한 것은 성령이 그 안에 계시다는 사실이다. 교회의 구성원은 모두 그 안에 성령이 계시다. 그것이 가장 큰 특징이 된다. **한 성령을 마시게 하셨느니라.** 성령에 대한 다양한 비유가 있는데 여기에서는 '물'로 비유하고 있다. 교회의 구성원은 모두 성령을 마신 사람이고 마시고 있는 사람이다. '마시다'는 관개수로에서 물을 대는 것을 의미하는 동사이기도 하다. 성령이 우리 안에 계시고 또한 성령이 우리 안에 공급되어져서 우리를 풍성하게 하는 것을 묘사한다. 이것이 교인에게 가장 중요하다.

12:14 몸은 여러 지체를 가지고 있다. 다양성 때문에 다양한 일들이 일어난다. 그런데 그때 다양함으로 일치를 깨면 안 된다. 일치를 지키며 풍성함을 누려야 한다. 교인은 성령이 가장 큰 특징이다. 한 몸 안에 다른 다양성이 나타나는 것은 그것조차도 성령이 주신 은사다. 그러니 은사가 중요한 것이 아니라 그것을 주신 성령이 더 중요하다.

12:15 발이 나는 손이 아니니 몸에 붙지 아니하였다. 상대적으로 발은 손보다 더 주목받지 못한다. 그래서 불평이 있을 수 있다. 그러나 그것은 스스로를 낮추는 일이다. 옳은 자기 비하가 아니라 잘못된 자기비하다. 자신의 은사를 하찮게 여기는 사람은 그것을 주신 성령을 하찮게 여기는 것이다. 발의 역할을 하는 사람이 스스로를 자기 비하하거나 손의 역할을

하는 사람이 발을 얕잡아 보는 것은 모두 성령 하나님을 무시하는 것이다. 큰 죄다.

12:17 만일 온 몸이 눈이면 듣는 곳은 어디며. 때때로 사회가 더 중하게 여기는 은사가 있다. 교회에서도 더 인기 있는 은사와 자리가 있다. 그런데 은사는 모두 동일한 가치를 가지고 있다. 온 몸이 눈으로 덮여 있으면 그 사람은 괴물이다. 교회가 그리스도의 몸이 되지 못하고 괴물의 몸으로 하고 있으면 안 된다. 자기 비하와 자기 자랑으로 가득하면 안 된다. 때로는 오늘날 교회가 한 교회로 몰리는 경향이 있어 어떤 교회는 괴물로 변해 있고 어떤 교회는 또한 너무 연약한 모습으로 힘들어 하는 경우가 많다. 그것도 문제다.

12:18 하나님이 그 원하시는 대로...각각 몸에 두셨으니. 하나님께서 지혜롭게 각 은사를 주셨다. 어떤 사람은 '왜 나에게는 작은 은사를 주셨느냐'고 말할지 모르겠다. 그러나 이 땅에서의 은사의 차이는 결코 가치의 차이가 아니다. 은사에서 중요한 것은 자신의 은사를 잘 사용하는 것이다. 자신의 구원과 교회의 구원을 위해 잘 사용하는 것이다. 어떤 은사라도 무시하면 안 된다. 은사를 무시하지 말고 그 은사로 하나되게 하는 것이 더 중요하다.

12:19-20 다 한 지체뿐이면 몸은 어디냐. 그리스도의 몸인 교회에서 우리는 내가 맡은 지체의 역할을 잘 알아야 한다. 목사가 할 일이 있고 장로가 할 일이 있으며 저마다의 역할이 있다. 교회의 구성원이 자신의 은사를 잘 사용하여 섬기고 있지 않으면 교회는 그만큼 건강하지 못하게 된다. **지체는 많으나 몸은 하나라.** 이 사실을 명심해야 한다. 우리는 모두 그리스도의 몸이다. 그리스도를 영광해야 한다. 우리 안에 성령이 계셔서 우리를 하나되게 하시는 일을 하신다. 교회가 하나되지 않는 것은 성령의 일이 아니다.

12:21 눈이 손더러 내가 너를 쓸데가 없다. 이렇게 말하는 것은 매우 잘못된 것이다. 성도 중에 누군가를 쓸데없는 사람으로 생각하는 것은 아주 비성령적이다. 성령이 주시는 생각이 아니다. 그 사람 안에 성령이 계시는데 어찌 성령이 그 사람을 쓸데없는 사람으로 취급하겠는가? 성령이 우리 안에서 역사하실 때 맺는 열매를 성령의 열매라고 말한다. 성령의 가장 큰 열매는 구원이다. 누군가를 구원에서 '밀어버리는 것'은 결코 성령이 하시는 일이 아니다. 성령이 교회 안에서 다른 사람들 안에 계심을 모르는 것이며 그들 안에서 역사하시는 것을 모르는 사람이다.

12:22 약하게 보이는 몸의 지체가 도리어 요긴하고. 교회 안에는 다양한 사람들이 있다. '약한 사람'이 있다. 봉사도 못하고 일에 도움이 되지 못하는 사람이다. 그러나 교회는 일이 중요하지 않다. 구원이 중요하다. 큰 일을 하는 것보다 그 사람이 믿음을 갖게 되는 것이 더 중요하다. 그것 하나만으로도 어떤 것보다 충분히 귀하다.

12:23 몸의 덜 귀히 여기는 그것들을 더욱 귀한 것들로 입혀 주며. 만약 몸에 약한 부분이 있다면 사람들은 어떻게 하는가? 그것을 다른 것으로 막아준다. 갈비뼈가 있는 이유는 그 안에 장기들을 보호하기 위해 있다. 눈이 예쁘지 않다고 생각하는 사람은 쌍꺼풀 수술을 해서 예쁘게 보이게 한다. 왜 그런가? 눈이 미우면 그 사람이 미운 것이 되기 때문에 예쁘게 해주는 것이다.

12:24 아름다운 지체는 그럴 필요가 없느니라. 팔이 예쁜 사람은 그것을 가릴 필요가 없다. 그렇게 잘하는 사람이 있으면 그 사람만 잘난 것이 아니다. **하나님이 몸을 고르게 하여.** 예쁜 부위나 무엇을 잘하는 지체가 있는 것은 '하나님께서 뛰어난 지체를 갖게 하셔서 다른 지체들도 귀하게 여김 받도록 하셨다. 달리기를 잘하면 다리만 아니라 그 사람이 존귀하게 되는 것과 같다.

12:25 분쟁이 없고 서로 돌보게 하셨느니라. 모두 안에 성령이 계시기에 크고 작음이 없다. 부족한 것이 있으면 '서로 돌보아야' 한다. 결국 같은 운명이기 때문이다. 크고 작음이 중요하면 서로 크고자 다툼이 있을 수 있다. 그러나 서로 같다. 한 성령의 임재로 인하여 평준화가 되었다. 내가 누구와 싸우는 것은 성령과 싸우는 것이다. 어찌 그렇게 행동해서야 되겠는가? 우리는 서로 성령을 위하는 마음으로 분쟁이 아니라 서로 돌보아야 한다.

12:26 한 지체가 고통을 받으면 모든 지체가 함께 고통을 받고. 한 몸이 아니라면 아프지 않다. 옆 사람의 이가 아픈데 어찌 내가 아프겠는가? 그러나 한 몸이면 함께 아프다. 이가 아프면 온 몸이 아프다. 몸의 어떤 지체도 예외 없다.

12:28 하나님께서 교회 중에 몇을 세우셨으니. 교회가 되기 위해서는 필수적인 것이 있다. **첫째는 사도요.** 사도는 하나님 나라의 복음을 처음 전하는 사람들로서 성경적 권위를 가지는 사람들이다. 모든 교회는 사도의 가르침에 근본을 이루어야 한다. 둘째, 셋째라고 말하는 부분은 교회에서 가장 중요한 부분을 말하기 위한 강조의 표현들이다. 사도가 중요하다. 말씀을 바르게 전하는 선지자가 필요하다. 모두 교회를 위해 매우 중요한 역할이다. 그러나 모든 것보다 더 중요한 것은 성령이다. 성령은 역할이 아니라 본질이다. 믿는 사람은 모두 성령이 그 안에 계신 사람이니 그들도 모두 동일하게 중요하다.

12:29 다 사도이겠느냐. 교회에는 꼭 사도가 필요했다. 그러나 다 '사도'일 필요는 없다. 그러나 다 '성령'이 계셔야 하는 것은 필수다. 교회에서 아무리 중요해도 교인이 모두 다 그 역할을 할 필요는 없다. 그러나 교회에서 성령이 없으면 그 사람은 교인이 아니다.

12:31 너희는 더욱 큰 은사를 사모하라. '사모하라'를 명령형으로 볼 수 있고 서술형으로도 볼 수 있다. 명령형으로 볼 때 이 구절은 긍정적 요소를 말하며 '더 큰 은사'는 예언(말씀 선포)를 의미하는 것으로 해석할 수 있으나 문맥과 어울리지 않는다. 나는 '서술형'으로 보는 것이 더 맞다고 본다. 고린도 교회의 부정적인 모습을 말한 것이다. 이것은 고린도 교회의 상황에 대한 설명이다. '너희는 큰 은사를 사모하고 있다'이다. 성령의 일을 사모하는 것은 좋은 것인데 문제는 '큰 은사'이다. 은사는 하나님께서 주시는 것이기에 내가 사모하는 것과는 조금 거리가 있다. 또한 '더 큰'이라는 것은 더 문제다. 본문은 작은 은사도 모두 필요함을 말하고 있기 때문이다. 사람은 더 큰 은사가 아니라 자신의 은사를 발견하고 잘 사용하는 것이 중요하다.

내가 또한 가장 좋은 길을 너희에게 보이리라. '가장 좋은 길'은 모든 은사를 '사랑'으로 사용하는 것을 의미한다. 사랑으로 은사를 사용하는 것이 가장 좋은 길이고 중요하다. 그래서 13장은 사랑이라는 것에 대해 구체적으로 말한다. 사랑은 은사가 아니다. 그런데 모든 은사에 사랑이 있어야 진정한 성령의 은사가 된다. '사랑'이 가장 좋은 길이다. 성령 하나님께서 다양한 은사를 주셨는데 그 은사가 성령의 인도하심 가운데 나타나는 증거는 사랑이다. 말씀을 준비하는 사람도 사랑으로 준비하고, 봉사하는 사람도 사랑으로 하고, 방언하는 사람도 사랑으로 해야 한다. 사랑이 없으면 성령의 사람이 아니고 사랑이 많으면 성령의 사람이다. 자신 안에서 우러나오는 사랑만이 아니라 하고 싶지 않으니 성령 하나님께서 기뻐하시는 것을 생각하여 사랑하는 사랑이 또한 많이 있어야 한다. 그래야 성령으로 사랑하는 것이다.

13 장

13:1 내가 사람의 방언과 천사의 말을 할지라도. 바울은 방언을 하였을 것이다. 그는 자신이 아무리 방언을 한다 할지라도 그것이 성령의 은사가 아닐 수 있는 가능성을 말한다. **사랑이 없으면 나는...꽹가리가 되고**. 그의 방언에 사랑이 담겨 있지 않다면 그것은 더이상 성령의 방언이 아니라 꽹가리의 요란한 소리에 불과하다. 성령의 방언인지 악령의 방언인지는 그 사람의 방언의 소리가 어떠한 지에 있지 않다. 그 사람이 사랑으로 하는 지에 달려 있다. 사랑으로 하는 것이라면 그가 방언을 함으로 더 많은 사랑을 할 힘을 얻고 더 사랑하는 사람이 될 것이다. 그러나 만약 그가 방언을 말하는데 사랑과 상관없이 한다면 그것은 성령이 주시는 방언이 아니다.

13:2 내가 예언하는 능력이 있어 모든 비밀과 모든 지식을 알고. '예언'은 하나님의 말씀에 대한 이해와 관련되어 있다. 바울은 실제로 말씀의 의미에 대한 많은 이해를 가지고 있었다. 말씀에 대한 바른 이해는 참으로 중요하다. 그러나 그럼에도 불구하고 만약 자기 자신이 '사랑이 없다면' 그것도 아무것도 아니라고 말한다. 그 안에 하나님을 향한 사랑과 이웃을 향한 사랑이 담겨 있지 않다면 그것은 더이상 성령이 주시는 지식이 아니다

13:3 모든 것으로 구제하고 내 몸을 불사르게 내줄지라도 사랑이 없으면 아무 유익이 없느니라. 구제는 자신의 것을 내주는 것이다. 결코 쉬운 일이 아니다. 그러나 그렇게 많은 것을 준다 할지라도 사랑으로 주는 것이 아니라면 구제의 유익을 얻지 못할 것이다. 신앙인은 오직 성령께서 역사하시는 것이 되어야 위대한 삶이다. 그런데 사랑으로 하는 것이 아니면 성령이 하시는 일이 아니다. 그러니 그의 구제는 단지 구제에 불과하다. 성령께서 하시는 위대한 구제가 아니다. 심지어는 순교(불사르게 내 주는 것)한다 할지라도 만약 사랑으로 하는 것이

아니라면 그것도 무익하다. '순교'라는 가장 위대한 일이라 하여도 사랑이 원인이 되고 사랑으로 하는 것이 아니라면 그것도 성령의 사역이 아니다. 성령의 사역이 아니기에 그것은 한 사람의 위대한 행위는 될 수 있어도 성령이 하시는 위대함에 이르지 못한다. 성령의 위대함이 아니라면 그에게 어찌 유익이 될 수 있을까?

사랑이 없는 곳에는 성령도 없다. 성령의 은사로 무엇인가를 하고 있다고 말하려면 사랑이 원인이 되고 사랑이 결과가 되어야 한다. 그러기에 신앙인은 항상 사랑을 점검해야 한다. 사랑을 점검해야 신앙인으로서 진정 성령의 인도하심 가운데 은사를 잘 사용하고 있는지를 점검할 수 있다.

13:4 사랑이 중요하다면 무엇이 사랑인지 그 특성을 아는 것도 중요하다. **사랑은 오래 참고**. 보통 사랑은 엔돌핀이 나오는 감정을 생각하기 쉽다. 그런데 성경은 '오래참음'에 대해 가장 먼저 이야기한다. 이것이 사랑의 간판이다. 오래참음은 성령의 9 가지 열매에서도 4 번째에 나온다. 이웃을 사랑하는 것은 분노를 유발하는 이웃을 향해 참는 것이고 오래참는 것이다. 날 무시하는 사람을 향하여 참고 또 참아주는 것이다. 계속 이상한 소리를 하는 사람을 참아주는 것이다. 엔돌핀이 나오기 보다 속이 타는 일이다. 사랑에 있어 오래참음이 얼마나 중요한지 사랑의 속성을 말하면서 3 번(모든 것을 참으며, 모든 것을 견디느니라. 7 절)이나 반복하여 말한다. 헬라어로는 각각 다른 단어지만 비슷한 의미를 가지고 있다. 그렇게 참는 것이 사랑에서 가장 중요하다. 사람을 참아주고, 어려운 상황에서 참는 오래 참음이 사랑의 가장 중요한 덕목이다.

사랑은 온유하며. 앞에 나온 2 가지 긍정적 표현의 두번째 행동(동사)이다. 이것은 성령의 열매에서 '자비'로 번역한 것과 같은 단어다. 나는 '친절'로 번역하는 것이 좋다고 생각한다. 사랑한다면 사람들에게 친절해야 한다. 모든 사람들을 존중히 여기고 그들을 사랑으로 친절하게 대해야 한다. 백화점 응대 방식이 아니라 사랑하는 사람의 응대방식이다.

성령의 사람의 응대방식이다. 성령의 사람이 얼굴에 인상 쓰고 있는 것은 상상할 수 없다.

시기하지 아니하며. 사랑하는 사람이라면 하지 말아야 할 부정적 행동이 8 가지나 나온다. 그것은 그만큼 고린도 교인들이 그렇게 사랑을 못하고 있었다는 것을 의미하기도 한다. '시기'는 7 대죄에서 두번째 순서에 위치한 아주 고약한 죄다. 신앙인들 안에서 강력한 영향을 미치고 있다. 시기로 행하는 일들은 사랑이 아니다. 성령의 사역이 아니다. 시기하지 않도록 늘 조심해야 한다.

자랑하지 아니하며 교만하지 아니하며. 교만은 7 대죄의 가장 앞 자리에 위치한다. 자신이 주인되고 자신만이 중심이 된 사람은 사랑이 자리할 곳이 없다. 성령이 자리할 곳이 없다.

13:5 무례히 행하지 아니하며. 사랑한다면 '무례를 행하지' 말아야 한다. '성내지 말아야'한다. 화를 내지 마라. 분노는 성령이 하시는 일이 아니다.
악한 것을 생각하지 아니하며. 이것은 '누군가 나에게 잘못한 것을 마음에 품고 있는 것'을 의미한다. 나는 치매 때문인지 마음이 너그러워졌는지는 모르겠는데 요즘은 다른 사람이 나에게 매우 잘못한 것도 조금만 시간이 지나면 까먹는다. 생각해내려 해도 구체적으로 생각이 나지 않는다. 어떤 사람은 대화를 하면 옛날에 누군가가 자신에게 잘못한 것만 나열한다. 과거에 나에게 잘못한 사람의 잘못을 잊어버리라. 묵상하지 말고 잊으라. 그것이 사랑이며 성령의 역사다.

13:7 모든 것을 참으며. '모든 것'이 반복되고 있다. 사랑은 모든 것 안에서 작동해야 하는 것이다. '모든 것'이 사람이든 환경이든 문제이든 마찬가지다. 신앙인은 모든 것 안에서 성령의 역사로 살아야 한다. 모든 것 안에 사랑을 담으라. 모든 것을 참는 것은 단순히 참는 것이 아니며 사랑으로 참는 것이고 그것은 나의 참음만이 아니라 성령께서 참게 하시는 것이다.

13:8 사랑은 언제까지나 떨어지지 아니하되. '떨어진다'는 것은 '무너지다' '그치다' 등의 의미다. 긍정적 표현으로 바꾸면 '영원하다'이다. 사랑은 사람의 가장 본질적인 것으로서 이 세상만이 아니라 오는 세상에서도 여전히 본질적이다. 그래서 변함이 없다. 그래서 가장 존귀하다.

예언도 폐하고 방언도 그치고. 성령의 은사로 인해 이 땅에서 다양한 일들이 일어난다. 그런데 주님이 다시 오셔서 시작되는 영원한 나라에서는 오늘날 우리들이 사용하는 성경이나 방언 등이 많이 다를 것이다. 그곳에서는 교사가 필요하지 않을 것이다. 그래서 이 땅에서 꼭 필요했던 은사들이 그때는 없어지는 것도 있고 완성되는 것도 있을 것이다.

13:9 부분적으로. 우리가 말씀을 알아도 '부분적으로'알고 있다. 또한 그때는 성경을 오늘날처럼 그렇게 더 공부해야 하는 것은 아닐 것이다. 그때는 더 풍성하게 될 것이다. 이 땅에서의 문화가 담긴 성경이 아니라 완성된 나라에서의 완성된 말씀일 것이다.

13:11 깨닫는 것이 어린 아이와 같고. 이 땅에서 우리가 깨닫는 것이 매우 중요하다. 그러나 천국에서 보면 이 땅에서 깨달은 것이 어린아이와 같은 부분적이고 미숙한 깨달음임을 알게 될 것이다. 그럴 수밖에 없다.

13:12 지금은 거울로 보는 것 같이 희미하나. 이 거울은 오늘날처럼 아주 잘 보이는 거울이 아니라 은이나 청동으로 만든 거울이다. 이 땅에서의 지식은 '희미한'지식이다. 주님 오시면 '얼굴과 얼굴을 대하는 것'같이 풍성하게 알게 될 것이다. 그러니 이 땅의 희미한 지식은 '그친다'고 말할 수 있다.

13:13 믿음 소망 사랑. 신앙생활의 근간을 이루는 것이다. 그래서 자주 이 세 가지 항목이 함께 언급된다. **항상 있을 것인데**. 모든 신앙생활에 이 세 가지가 있어야 한다. **그 중의 제일은 사랑이라**. 왜 그럴까?

영원성이라는 측면에서 그렇다. 믿음은 '신뢰와 말씀에의 순종'이라는 2가지 측면이 있는데 주님이 오시면 신뢰가 아니라 모든 것이 드러나고 주님을 직접 보기 때문에 믿음이라 말할 것이 축소되는 경향이 있을 것이다. 소망도 그러하다. 주님 오시면 소망이 미래의 일이 아니라 현재의 일이 되고 소유한 것이 되기 때문에 축소되는 경향이 있을 것이다. 그런데 사랑은 주님이 오시면 더 사랑하게 될 것이다. 이 땅에서의 사랑이 결코 축소되지 않을 것이다. 사랑이라는 마음은 하루 아침에 만들어지는 것이 아니다. 그래서 이 땅에서 쌓은 사랑은 주님 오실 때 찬란하게 빛을 발할 것이다. 그래서 '사랑이 제일이라'고 말한다.

사랑은 이 세상에서도 가장 중요하고 오는 세상에서도 가장 중요하다. 그래서 이 세상에서 사랑을 키워야 한다. 이 세상에서 쌓은 것 중에서 오는 세상에서도 변함없이 가치 있는 것은 오직 사랑이다. 그러기에 우리는 이 세상에서 성령의 은사를 사용할 때 사랑으로 사용하고 말씀을 알고 지킬 때(예언의 은사)도 사랑으로 해야 한다. 사랑이 없으면 이 땅에서의 것으로 끝나고 사랑이 있을 때 오는 세상까지 영원하도록 가치 있는 삶이 될 것이다.

14 장

14:1 사랑을 추구하며. 사랑이 은사는 아니지만 모든 성령의 은사를 은사되게 하는 것이 사랑이다. 영원한 것이 사랑이다. 그러기에 성령의 은사 또한 영원하기 위해 그 안에 사랑이 담겨 있어야 한다. 그래서 모든 성령의 은사는 꼭 사랑을 추구하는 것이 되어야 한다. **신령한 것들을 사모하되**. 사랑조차도 성령의 역사가 아니라면 의미 없다. 그러기에

성령의 역사를 알아야 한다. 성령이 역사하는 방식을 알고 자신이 성령의 도구가 되고 일꾼이 되어야 한다. 성령이 개인과 교회에서 하시는 일에 대해 마음이 열려 있어야 한다. 일꾼이 되어야 한다. **특별히 예언을 하려고 하라.** '예언'은 하나님의 뜻을 전하는 것이다. 하나님의 뜻이 이루어지게 하는 것이다. 교회는 하나님의 뜻을 행하는 곳이어야 한다. 그러기에 교회에 예언은 매우 중요하다. 예언은 때로는 설교처럼 전해질 수 있다. 또는 실천적 잠언처럼 하나님의 말씀이 사람들 안에서 실제로 이루어지도록 지혜롭게 조언하는 것일 수도 있다.

14:2 **방언.** 예언과 방언을 비교하면서 말한다. 당시 고린도 교회에 방언 때문에 문제가 되었기 때문으로 보인다. 방언이 문제가 되어 성령의 은사에 대한 이야기를 하고 있는 것이다. **사람에게 하지 아니하고.** 방언은 일종의 기도다. 그러니 당연히 사람에게 하는 것이 아니고 하나님께 하는 것다. **알아듣는 자가 없고.** 방언은 일상 언어를 사용한 기도가 아니다. 자신과 하나님과의 특별한 언어다. **영으로 비밀을 말함이라.** 방언은 여러 측면에서 자기 자신도 무슨 말인지 모르고 하는 경우가 많다. 방언을 말할 때 자신이 무슨 말을 하고 있는지 대충 아는 것이지 구체적으로 아는 것이 아니다. 그래서 때로는 자기 자신에게도 비밀이 되는 말을 한다.

14:3 **예언.** 예언의 유익에 대해 말한다. **덕을 세우며 권면하며 위로하는 것.** '덕을 세우며'는 의역이다. 기본의미는 '건축한다'이다. 건물을 세우는데 사용하는 단어다. 의역한다면 덕보다는 '교회를 세우며'가 더 나을 것 같다. 예언은 교회를 세운다. 교회에 하나님 말씀이 전해지고 말씀이 실천되며 말씀을 따라 살도록 도움말이 되는 것이다. **권면하며.** 예언은 누군가 말씀을 따라 살도록 권면하며 용기를 준다. **위로하며.** 말씀이 그에게 힘이 되어 위로가 되도록 한다.

14:4 방언을 말하는 자는 자기의 덕을 세우고. 방언(기도)을 통해 우리는 우리 안의 깊은 것을 하나님께 고백하여 하나님의 위로를 얻고 권면을 듣는다. 자신이 세워지는데 방언의 유익을 크게 얻는 사람들이 있다. 바울은 방언의 이러한 좋은 기능을 무시하는 것이 아니라 분명히 말하고 있다. 세우는 영역이 개인이라는 것을 분명히 말한다. 물론 개인이 세워짐으로 교회가 세워진다. 그러기에 방언은 교회를 세우는데도 간접적으로 좋은 영향을 미친다. 그러나 분명한 것은 방언은 직접적으로는 개인을 세우는 역할이 주된 역할이라는 것이다.

예언하는 자는 교회의 덕을 세우나니. 예언은 자신을 향한 것이 아니라 다른 사람을 향한 것이다. 물론 예언도 그렇게 말함으로 자신을 세우는 역할을 한다. 그러나 직접적으로는 자신이 전하는 하나님의 말씀과 지혜가 교회 사람들에게 들려져서 교회 사람들을 세워주는 역할을 한다. 교회는 말씀으로 잘 조언할 수 있는 사람들이 있어야 한다. 그래야 교회가 더 건강하게 세워진다.

방언에 대해 조금 더 자세한 설명을 한다. 그만큼 방언이 고린도 교회에 큰 문제가 되었다는 것을 알 수 있다. 방언이라는 것이 가지는 일반적 특성이 그러한 것 같다. 방언은 시대마다 그렇게 때때로 센세이션을 일으키곤 하였다. 방언이 기독교에만 있는 현상은 아니다. 다른 종교에서도 나타난다. 방언은 매우 종교적으로 보이게 만든다. 종교 안에서 특이하여 매우 영적으로 보이게 만들기 때문에 일종의 종교적 특권의식을 낳기도 한다. 한국교회에서도 여전히 방언은 계속 다툼의 요인이 되곤한다. 어떤 교단은 마치 방언을 하지 못하면 성령이 임하지 않은 것처럼 곧 구원이 없는 것처럼 주장한다. 그만큼 방언이 때로는 일반적으로 많은 사람들에게 나타나기도 한다. 그러면 더욱더 방언이 그들 만의 특별한 현상이 되어 방언을 하지 못하는 사람이 도태된다. 또한 도태되지 않기 위해 억지로 방언을 만들어 내기도 한다. 그렇게 억지로 만들어도 그들만의 방언이 된다. 방언이란 일반 언어처럼 문법을 가지고 있지 않기 때문이다. 그래서 과거에는 방언학교가 있기도 하였다. 그러나 실제로는 방언이 아니다.

14:6 내가 방언으로 말하고...계시나 지식이나 예언이나 가르치는 것으로 말하지 아니하면. 만약 바울이 방언으로만 말하고 말씀을 가르치지 않았다면 사람들은 바울을 통해 무엇을 배울 수 있을까? 방언은 사람들 사이의 언어가 아니다. 그래서 사람들은 바울로부터 의미 있는 말을 들을 수 없었을 것이다. 그렇다면 다른 사람에게 무슨 유익이 있을까?

14:8 나팔이 분명하지 못한 소리를 내면. 나팔은 경고와 공격과 후퇴와 축하 등을 서로 미리 약속하여 전투에 사용한다. 만약 서로 약속을 하지 않았으면 나팔 소리는 전투에 아무 의미가 없다. 방언은 의미가 있지 않다. 하나님과의 개인적인 대화일 뿐이다. 사람들 사이에서는 어떤 의미가 없고 의미를 만들 수도 없다. 언어가 아니기 때문이다. 그러니 약속이 없으면 의미가 없는 나팔소리나 전혀 다르지 않음을 말한다.

14:12 영적인 것을 사모하는 자. 고린도 교회는 성령의 역사를 사모하였다. 좋은 현상이다. 그런데 그들은 주로 방언을 더 사모하였다. 그것이 특이한 모습이었기 때문일 것이다. 그런데 방언이 교회를 세우기보다는 개인만을 세우는 경향이 있고 오히려 그것으로 다툼의 이유가 되는 경우가 있다. **교회의 덕을 세우기 위하여.** 교회를 세우는 다른 은사를 더 많이 구하라고 말한다. 어떤 은사이는 가상 좋은 섯은 교회를 세우는 것이다. 방언열풍은 잘못하면 자신의 이기주의로 발전할 수 있다. 그것이 있으면 더 특별한 사람처럼 생각하기 때문이다. 오히려 교회의 하나됨을 깨트리기도 한다.

14:13 통역하기를 기도. 방언 사용법을 말한다. 방언을 말하는 이가 교회에서 사용하기 위해서는 방언통역의 은사까지 가지고 있어야 한다. 교회에서 방언만 말하는 것은 의미가 없다. 교회에서 방언으로 기도하는 것은 자신을 영적인 것처럼 보이게 만들 수는 있으나 실제적 유익은 없다.

대표기도로 사용할 수 없다. 만약 대표기도로 사용하고자 한다면 반드시 기도하면서 바로 통역까지 해야 한다.

14:14 영이 기도하거니와 나의 마음은 열매를 맺지 못하리라. 방언으로 기도하는 것이 무슨 말인지는 정확히 모르지만 하나님과의 소통의 방식이 된다. 영이 기도하는 방식이 된다. 그러나 '마음은 열매를 맺지 못한다'는 것은 '명확한 뜻 전달이라는 측면은 없다'는 말이다. 방언 기도는 '모르는 마음과 마음의 만남'은 있으나 '아는 마음과 마음의 만남'은 없다.

14:16 네 감사에 어찌 아멘 하리요. 우리는 대표기도를 들을 때 잘 분별하여 함께 기도의 고백이 될 때 '아멘'이라고 화답한다. 그러나 방언기도를 하면 듣는 이들이 무슨 말인지 모르기 때문에 '아멘'이라고 말할 수 없다. 그래서 방언기도는 아무리 은혜가 되는 것 같아도 대표기도로 사용할 수 없다.

14:19 '남을 가르치기 위하여 깨달은 다섯 마디 말'과 '일만 마디 방언'이 있을 때 교회에서는 '다섯 마디 말'이 더 훌륭하다. 방언은 사람을 가르치는 것이 아니기 때문이다. 수없이 많은 방언을 들어도 그것이 무슨 말인지 모른다. 방언은 개인기도로 사용해야 한다. 대표기도로 사용하고자 한다면 반드시 통역까지 하면서 사용해야 한다. 통역을 하면서 기도한다 하여도 그것이 일반 언어로 기도하는 것보다 더 훌륭한 것을 담보하지 않는다. 방언 기도도 일반 기도처럼 분별해야 하며 옳은 내용일 때 '아멘'이라고 화답해야 한다.

14:20 지혜에는 아이가 되지 말고 장성한 사람이 되라. 방언의 우월성을 주장하는 것은 방언이 가지고 있는 특이함 때문인데 그것은 특이함을 추종하는 어린아이와 같은 특성이라고 말한다.

14:22 방언은 믿는 자들을 위하지 아니하고. 방언은 믿는 자들 사이에서 '대단하다'라고 말하면서 서로 그 은사를 갖기 위해 추구해야 하는 것이 아니라는 것이다. 오히려 '믿지 아니하는 자들을 위하는 표적이니'라고 말한다. 믿지 아니하는 자들에게 표적이 되는데 긍정적 표적일까 부정적 표적일까?

예언은...믿는 자들을 위함이니라. 믿는 사람이 '대단하다'라고 여겨야 할 은사는 예언이다. 믿는 사람들이 표적으로 삼고 추구해야 할 것이다. 믿지 않는 사람들에게는 어떨까?

14:23 방언으로 말하면 믿지 아니하는 자들이 들어와서 너희를 미쳤다 하지 아니하겠느냐. 방언이 믿지 아니하는 사람들에게 표적이 되는데 부정적인 영향의 표적이 된다. 그래서 방언 때문에 오히려 믿는 사람들이 미친 사람 취급받을 것이다. 그것은 좋은 모습이 아니다.

14:24 믿지 아니하는 자들이 들어와서 모든 사람에게 책망을 들으며. 믿지 않는 사람들이라 할지라도 때로는 말씀을 듣고 깨닫게 된다. 회심하게 되기도 한다. 방언을 듣고 회심한 사람은 없다. 그러나 말씀을 듣고 회심한 사람은 많다. 그래서 예언은 믿는 사람이나 믿지 않는 사람에게나 긍정적 요소이며 추구해야 하는 것이다.

14:26 성령의 은사에는 찬송시, 가르치는 말씀, 계시, 방언, 방언 통역 등이 있음을 말한다. 이것 또한 성령의 은사의 여러 가지 중에 일부를 말한 것이다. 성령은 시대와 지역에 따라 다양한 은사를 주신다. 은사의 종류가 아니라 은사를 주시는 목적이 중요하다.

덕을 세우기 위하여 하라. '교회를 세우기 위해 하라'는 의미다. 교회를 교회되게 하고 하나님의 영광이 되도록 하도록 은사가 주어졌고 은사를 사용하는 사람은 늘 그것을 생각하면서 사용해야 한다.

14:28 통역하는 자가 없으면 교회에서 잠잠하고. 방언은 통역이 없이도 말하고 싶어 질 수 있다. 그러나 교회에서는 통역이 없이 사람들에게 공공연히 기도하는 것을 절제해야 한다. 통역이 없으면 철저히 절제하여 오직 개인기도에만 사용해야 한다.

14:29 다른 이들은 분별할 것이요. '예언하였다'하여 무조건 받아들여서는 안 된다. 그것이 진정 말씀에 합당한지 잘 분별해야 한다. 오늘날 설교도 분별해야 한다. 예배시간에 설교하였다 하여 무비판적으로 받아들이는 것이 좋은 것이 아니다. 성경의 말씀이 진짜 그러한지 분별해야 한다. 그렇지 않으면 질서 없는 예언이 되어 교회를 세우는 것이 아니라 혼란과 파괴만 낳을 뿐이다.

14:31 모든 사람으로 배우게 하고 모든 사람으로 권면을 받게. 질서 있게 전해진 말씀은 사람들에게 배움을 주고 권면을 준다. 사람들은 그러한 말씀에 적극적으로 동참해야 한다.

14:33 하나님은 무질서의 하나님이 아니시요 오직 화평의 하나님이시니라. 이 말씀을 잘 기억해야 한다. 우리의 은사가 분쟁을 낳는다면 다시 생각해보아야 한다. 분쟁은 요인이 있을 것이다. 내가 성령의 은사로 봉사하고 있는데 왜 나를 책망하느냐고 생각할 것이 아니라 시대와 상황을 잘 살펴야 한다. 시대에 어긋난 무질서가 아니라 시대에 합당하여 화평을 낳을 수 있어야 한다.

14:34 여자는 교회에서 잠잠하라. 이 구절이 많은 오해를 낳는다. 시대가 다르기 때문이다. 이 말씀은 당시 시대에 가장 적당한 말씀이었을 것이다. 이 말씀이 무엇을 의미하는지에 대해서는 그 시대의 상황을 정확히 모르기 때문에 여러 의견이 있다. 이 구절을 '여인은 교회에서 아무 말도 하지 말아야 한다'고 해석한다면 분명히 잘못된 해석이다. 바울은 다른 곳에서 여성이 교회에서 기도와 예언하는 것에 대해서 말하기 때문이다.

그렇다면 여기에서 '여자에게 교회에서 잠잠하라'는 것은 어떤 특별한 환경을 염두에 둔 말일 것이다. 바울이 밝히지 않고 있기 때문에 우리는 추측하는 수밖에 없다. 아마 예언에 대해 분별하는 과정으로 '토론하는 것에의 참여'에 대한 이야기 같다. 더 특별한 환경이라면 만약 자신의 남편이 예언을 하였는데 그것에 대해 분별한다고 지적을 하는 것에 대한 이야기일 가능성이 높다. 남편에 대한 지적은 당시 사회에 매우 적당하지 않다. 매우 부적절하다. 믿음이라는 이름으로 라도 그렇게 하지 말아야 한다. 당시 사회에서 무질서를 낳기 때문이다.

14:39 예언하기를 사모하라. 예언이라는 은사는 '사모하라'고 말한다. 교회는 말씀이 풍성히 있어야 하기 때문이다. 교회를 세우는데 중요하다. **방언하기를 금하지 말라.** 방언은 '금하지 말라'고 말한다. 적극 권장이 아니라 소극적 권장이다. '금하는 것'을 반대하지만 교회가 아니라 개인기도에 사용할 것을 말한다. 그렇게 예언과 방언이 적당한 자리에 있을 때 아름답게 역할을 한다. 교회를 세우는 역할을 하게 된다.

14:40 모든 것을 품위 있게 하고. '품위 있게'는 적당하게, 적합하게, 예의에 맞게, 상황에 맞게, 적절히, 적합하게 등으로 번역할 수 있다. 앞서 예언이 필요한 것이 방언이 있어야 할 곳이 있음을 말하였다. 그러한 것이 적합해야 한다. 상황에 맞고 사회에 맞아야 한다. 그러면 교회를 세우는 귀한 은사가 될 것이다. 상황에 맞지 않으면 분쟁만 낳을 것이다.
질서 있게 하라. 질서가 있어야 분쟁이 그치고 서로 합력하여 선을 이루게 된다. 분별되고 교회를 세울 수 있게 된다. 그래서 교회에 직분제도가 있다. 조직이 있다.

15 장

15:1-58 모든 문제의 근원적 해결책. *부활*

15:1 내가 너희에게 전한 복음을 너희에게 알게 하노니. 지금까지 문제와 그것에 대한 해결책을 알아보았는데 그러한 모든 것의 근본은 '복음'을 기억하는 것이다. **이는 너희가 받은 것이요 또 그 가운데 선 것이라.** 고린도 교회는 문제 위에 선 것이 아니라 복음 위에 서 있다. 문제가 여전히 그들을 분쟁하게 하고 혼란스럽게 할 수 있다. 그러나 그들이 선 곳은 문제가 아니라 복음 위다. 복음은 변함없이 확실하다.

15:2 그 말을 굳게 지키고 헛되이 믿지 아니하였으면 그로 말미암아 구원을 받으리라. 문제는 잘 해결해야 한다. 그러나 문제를 해결하는 과정에 기억해야 할 것은 문제보다 더 중요한 복음이다. 문제 해결이 구원에 이르게 하는 것이 아니라 복음이 구원에 이르게 하는 것이다.

15:3 성경대로 그리스도께서 우리 죄를 위하여 죽으시고. 죄 때문에 영원히 죽어야 하는데 그리스도께서 우리의 죄를 대신하여 죽으심으로 생명이 우리에게 있다. 어둠이 빛이 되었다. 이것보다 더 중요한 것이 있을까? 이 사실이 분명하기에 다른 것에 있어 조금 다르고 문제가 있어도 다시 웃을 수 있고 감사할 수 있다. 이것이 문제를 만나 우리가 다시 돌아가야 하는 우리의 위치다.

15:4 다시 살아나사. 그리스도께서 우리를 위해 죽으셨을 뿐만 아니라 다시 살아나셨다. 주님의 죽으심이 우리의 과거에 대한 해결이라면 부활은 우리의 미래에 대한 확실한 보증이다. 우리의 관심이요 우리가 살아가게 될 미래다.
바울은 서론에서 고린도 교인들이 주님의 재림을 열심히 기다리며 사는 것에 대해 칭찬하였었다. "너희가 모든 은사에 부족함이 없이 우리 주 예수 그리스도의 나타나심을 기다림이라" (고전 1:7) 고린도 교인들은 이미 그들 안에 모든 문제의 해답을 가지고 있었다. 그래서 많은 문제와 분쟁에도 불구하고 믿음의 공동체를 이어갈 수 있었다. 모든 신앙인은 그리스도의 나타나심 즉 '부활'을 기다리며 살고 있다. 그것은 신앙인의 꿈이다. 결코 잊을 수 없고 놓칠 수 없는 꿈이다. 부활은 갑자기 만들어진 사건이 아니다. '성경대로' 죽으시고 다시 사신 것이다. 모든 인류의 꿈이었다. 상상이 가지 않는 꿈이었다. 그런데 예수님이 부활하심으로 부활 이야기는 매우 실제적 사건이 되었다. 상상할 수 있는 꿈이 되었다.

15:5 게바에게 보이시고. 부활하신 예수님께서 게바(베드로)에게 보이셨다. 열두 제자에게 보이셨다. 어떤 사건이든 2명의 증인이 있으면 확실한 사건이라 말한다. 그런데 많은 제자들이 직접 보았다.

15:6 오백여 형제에게 일시에 보이셨나니. 2명을 넘어 500명의 증인이 있는데 믿지 않을 수 있을까? 그것도 동시에 보았다.
지금까지 대다수는 살아 있고. 언제든지 그들에게 가서 물어보라는 것이다. 그들이 부활하신 예수님을 만난 것을 증언할 것이다.

15:7 그 후에 야고보에게 보이셨으며. 야고보는 예수님의 육신의 동생으로서 예수님의 신성에 대해 가장 회의적인 사람이었다. 그러나 그는 부활하신 예수님을 만나고 초대 교회의 지도자가 되었다. 그는 어느 누구보다 부활에 대한 확실한 증인이다.

15:8 맨 나중에...내게도 보이셨느니라. 바울은 복음을 핍박하는 사람이었다. 그러나 부활하신 주를 만남으로 완전히 바뀌었다. 부활하신 예수님을 육체적으로 만난 것은 바울이 마지막이다. 그러나 그 이후 모든 사람들은 영적으로 여전히 만난다. 부활하신 주님을 만나지 못하면 믿음의 길을 제대로 갈 수 없다.

15:10 내가 모든 사도보다 더 많이 수고하였으나. 바울은 자신이 부활하신 주님을 만남으로 그 이후 삶이 어떻게 바뀌었는지를 말한다. 이것은 비교하며 자랑하는 것이 아니다. 그만큼 그가 모든 힘을 다하여 수고하였음을 의미한다. 부활을 생각하면 수고하지 않을 수 없다. 주님의 부활은 우리의 부활을 의미하는 것이다. 그 놀라운 사실을 전하지 않을 수 없다. 부활은 우리의 삶이 이 땅에서 끝나는 것이 아니라 영원하다는 것을 알려주는 가장 확실한 증거다. 그렇게 영원한 삶을 준비하는데 어찌 열심히 수고하지 않을 수 있을까? 우리도 바울처럼 '내가 더 많이 수고하였다'라고 말할 수 있어야 한다. 결국 주님이 판단하시는 것이지만 최소한 자기 자신은 '내가 최고로 수고하였다'로 말할 수 있을 만큼 수고를 많이 하여야 한다. 그것이 복이다.

나와 함께 하신 하나님의 은혜로라. 바울은 그의 수고가 그가 한 것이 아니라 말한다. 하나님의 은혜가 그를 붙들어 모든 수고를 하게 하였음을 말한다. 주님의 죽으심과 부활을 생각하면 이 땅에서 바울이 한 것이라는 것은 아무것도 없다. 주님의 죽으심에 무엇을 더 보태며 부활에 무엇을 더할 수 있겠는가? 아무것도 없다. 복음에 무엇을 더한 것이 아니라 복음을 전한 것이다. 우리도 복음에 무엇 하나 더할 수는 없으나 힘을 다하여 전하는 사람은 되어야 한다. 부활을 아는 사람이 어찌 힘을 다하여 살지 않을 수 있을까?

15:12 너희 중에 어떤 사람들은 어찌하여 죽은 자 가운데서 부활이 없다 하느냐. 교인이면서 어떤 사람들이 부활을 믿지 않았다. 왜 믿지 않았을까?

15:13 만일 죽은 자의 부활이 없으면 그리스도 부활도 없다. 그리스 신화에는 신들이 죽었다가 다시 살아나는 이야기가 있다. 그래서 그들은 그리스도의 부활은 조금 더 쉽게 받아들였지만 사람이 죽었다가 다시 살아나는 것에 대해서는 받아들이는 것을 힘들어했다. 사람의 육신은 죽으면 그것으로 끝이라 생각하였다. 어떤 이들은 영혼 불멸설을 믿었다. 그래서 육신은 죽어도 영혼은 죽지 않는다 생각하였다. 그러나 육신이

다시 부활한다고 주장하는 철학은 없었다. 그래서 고린도 교인의 일부는 죽은자가 부활한다는 것을 믿지 못하였다. 시대 정신은 사람들의 사고에 아주 강하게 영향을 미친다.

15:14 믿음도 헛것. 우리의 부활이 없다고 생각한다면 그리스도의 부활도 없는 것이며, 그리스도의 부활이 없으면 복음이 헛된 것이며, 믿음을 가지고 있다는 것도 헛된 것이라고 말한다. 부활이 없으면 우리의 믿음과 관련된 모든 것도 없다. 부활은 모든 믿음의 기초다.

오늘날 사람들은 부활을 믿고 있을까? '시대 정신'이 부활에 대해 이런저런 이야기를 하지 않는다. 그래서 사람들도 이런저런 말을 하지 않는다. 그런데 만약 사람이 부활을 목표로 하고, 바라보며, 열망하지 않으면 그 사람에게는 부활이 없다. 부활에 대한 믿음이 없는 것과 마찬가지로 무관심도 동일하게 부활이 없다. 현대인의 부활에 대한 현주소는 '무관심'이다. 부활에 대한 무관심은 사람들이 죽음 이후에 대한 진지한 생각을 하지 않기 때문이다. 죽음 이후에 대해 생각하지 않기 때문에 자신의 몸과 영혼이 이후에 부활하든 부활하지 않든 상관이 없는 것이다. 사람들의 관심은 죽음 이후가 아니라 지금 오늘이다. 오직 현재의 일에만 모든 관심을 쏟는다. 그런데 준비되지 않은 미래는 망하게 되어 있다. 죽음 이후를 생각하지 않고 사는 사람은 죽음 이후에 망할 수밖에 없다.

고린도 교회에 '부활이 없다' 말하는 사람이 있었다. 부활을 믿는 것이 당시 시대 정신에 많이 어긋났기 때문이다. 부활이 없는 사람으로 살았다. 그래서 문제가 많았다. 복음이 세속화되었다. 분쟁하며 높아지고자 하는 세상을 그대로 닮았다. 그들에게 필요한 처방전은 '십자가의 도'였다. 낮아짐이다. 그런데 부활이 없다면 누가 낮아진 삶을 살려고 할까? 사람은 이 땅에서 만의 삶이 아니요 오는 세상에서 영원한 시간을 살아갈 것이다. 그러면 이 땅에서 잠시 낮아져서 섬기는 것이 결코 손해 보는 일이 아니다. 부활을 믿지 않고 이 세상에서만 사는 것을 생각하는 사람은 결코 낮아질 수 없다. 그러나 부활을 믿어 영원한 삶을 준비하는 사람은 마땅히 십자가의 길을 가고자 할 것이다. 그래서 칸트는 사람이 윤리적인 삶을 살기 위해서는 신이 요청된다고 말하였다. 신이 없으면, 내세가 없으면 대부분의 사람은 그렇게 자기가 손해 보면서 착하게 살려고 하지 않기 때문이다. 부활이 없다면 신앙의 모든 것이 무너진다. 그러나 부활을 생각하면 신앙의 모든 것이 세워진다. 귀하고 값진 것이 된다. 신앙생활이 복되고 행복하지 않은 사람은 사실 부활을 제대로 믿지 않기 때문이다.

15:17 다시 살아나신 일이 없으면...너희가 여전히 죄 가운데 있을 것이요. 사람의 죽음은 죄에 대한 심판이다. 만약 죽음 이후 부활이 없다면 죄에 대한 심판으로 끝난 것이다. 죄에 대한 심판으로 끝난다면 그 사람은 죄가 영향을 미치고 죄의 결과 가운데 끝난 것이다. 죄에 머물러 있는 것이다. 그런데 죽음을 넘어 부활함으로 죄를 넘어 의인으로 세워지는 것이다.

죽음 이후 부활이 있음은 죄를 넘어 의가 있다는 것이다. 그래서 죄를 넘는 것을 생각하게 된다. 죽음으로 끝나면 이 세상에서 어떻게 살든 어차피 죽음으로 끝나는 것이기 때문에 선한 삶은 의미가 없다. 죽음을 보며 사는 사람은 결국 죄 가운데 살게 된다. 세상에서 어떻게 살든 죽으면 다 같기 때문에 세상에서 적당히 살게 된다. 죄와 타협하며. 그러나 죽음 후 부활이 있음을 아는 사람은 부활 이후 영원을 보며 산다. 영원한 존재라는 사실은 우리를 매우 조심스럽게 한다. 부활하여 우리는 영원히 살게 될 것이다. 이 땅에서의 삶은 영원한 삶을 준비하는 것으로서 의미가 있다. 죽음이 가리키는 죄가 아니라 부활이 가리키는 의를 위해 살게 된다. 부활을 믿는 사람은 이제 의를 바라보며 우리에게 모든 아픔을 몰고 온 지긋지긋한 죄와 싸우며 살게 된다. 모든 죄를 다 이기지는 못할지 모른다. 그러나 최소한 싸우는 삶을 시작한다. 영원히 살게 될 것인데 이 땅에서의 죄에 대한 기억과 결과를 가지고 살겠는가, 아니면 의에 대한 기억과 결과를 가지고 살겠는가? 죽음을 보며 죄를 행하며 살아야 할까, 부활을 보며 의를 행하며 살아야 할까?

15:19 우리가 바라는 것이 다만 이 세상의 삶뿐이면 불쌍한 자이리라.
신앙인은 이 세상만이 아니라 영원한 나라를 바라보며 사는 사람들이다.
영원한 나라가 우리의 본향이며 종착지다. 그런데 어떤 신앙인들이 이
세상에만 소망을 가지고 있다 보니 자꾸만 기복주의로 빠진다. 고린도
교인들이 그러하였으며 오늘날 한국교인들이 그러하다.

부활을 아는 사람은 이 세상의 편함과 누림은 작은 일이다. 영원한
세상에서 복을 받기를 원한다. 그것은 기복주의라 말하지 않고 믿음이라
말한다. 어디에서 부요하고 싶은가? 이 세상인가, 오는 세상인가? '이
세상에서도 편안하고 오는 세상도 그렇게 되기를 원한다' 말할지
모르겠다. 그러나 예수님은 믿음을 위해 이 세상에서 '십자가의 길'을
가라 하신다. 낮은자가 되라 하신다. 그것이 오는 세상에서 높아지는
길이라 말씀하셨다.

부활이 실감나지 않는 사람은 망설일 것이다. 그러나 부활을 확실히 믿는
사람은 바로 이 세상에서 낮은자가 되고 오는 세상에서 높은 자가 되는
것을 선택할 것이다. 이 세상은 일시적이며 오는 세상이 영원하기
때문이다. 사람들이 이 세상에서 높은 자가 되려고 하는 것은 부활을
제대로 믿지 않기 때문이다. 신앙인들이 부활을 믿는 것 같으나 실제로는
안 믿고 있는 것이다.

15:20 첫 열매가 되셨도다. 예수님께서 부활하셔서 첫 열매를 맺으셨다.
보여주셨다. 부활은 미래의 시건만이 아니라 이미 과거의 사건이 되었다.
첫열매가 되셨다는 것은 이제 열매맺기가 시작되었다는 것을 의미한다.
앞으로 계속 열매를 맺을 것이다.

15:22 그리스도 안에서 모든 사람이 삶을 얻으리라. 아담 안에서 모든
사람의 죽음이 시작되었다. 죽음은 모든 사람이 지금도 경험하고 있는
것이다. 죽음은 확실하다. 그렇다면 부활은 어떠한가? 아담보다 훨씬 더
크신 그리스도를 통해 생명이 시작되었음을 못 믿을 이유가 없다. 그런데
죽음에 익숙하여 생명을 잘 받아들이지 않는다. 우리는 그리스도 안에서
시작된 부활과 생명을 잘 알아야 한다.

15:23 차례대로 되리니. 첫 열매이신 그리스도께서 부활하셨다. 그리고 '강림하실 때에 그리스도에게 속한 자'가 부활할 것이다. 주님 재림하실 때 그리스도를 믿는 모든 자들이 부활할 것이다.

15:24 나라를 하나님께 바칠 때. 사람들이 부활하고 부활의 영광이 가득한 나라가 된다. 지금은 이 세상에 악한 영이 여전히 영향을 미치는 경우가 많이 있어 아픔이 있고 고통이 있지만 그 때는 부활의 영광만이 가득할 것이다.

15:25 모든 원수를 그 발 아래에 둘 때. 그리스도의 재림으로 승리의 완결의 때를 말한다. 그렇다면 부활의 첫 열매와 우리의 부활 사이에는 어떤 시간표가 있을까? **반드시 왕 노릇 하시리니.** 우리가 아직 부활하지 않은 때에도 주님은 부활하셨다. 부활하신 주님께서 '반드시 왕노릇'하신다고 말씀한다. 하나님의 의지요 계획의 표현이다. 하나님께서 예수님을 이 세상의 왕으로 세우시고 통치하신다는 말이다. 우리가 아직 부활하지 않아서 우리에게는 부활의 영광이 미미하지만 주님은 부활하셔서 부활의 영광으로 지금 통치하고 계신다. 우리를 훈련시키시고 보호하시며 부활에 이르도록 이끌고 계신다.

15:29 죽은 자들. '영적으로 죽은 자'를 말한다. 부활이 없다면 영적으로 죽은 자들이 세례를 받아 거듭난 사람이 된다는 것이 의미가 없음을 말한다. 거듭나서 몇 십년 새로운 사람이 되어 산다는 것이 무슨 의미가 있을까? 부활이 없으면 거듭날 필요가 있을까?

15:30-31 어찌하여 언제나 위협을 무릅쓰리요. 바울 일행은 수많은 위험을 겪고 있었다. '날마다 죽노라'고 말할 정도로 매우 힘든 죽을 고비를 넘기곤 하였다. 그렇게 위험을 무릅쓰고 복음을 전하는 이유가 무엇인가?

15:32 사람의 방법으로 맹수와 더불어 싸웠으면 무슨 유익이 있으리요.
에베소에서 많은 어려움을 겪은 것을 사람들이 잘 알고 있는데 그것이
단지 바울이나 복음의 대상이 세상에서 조금 더 나은 무엇인가를 얻기
위해서라면 그렇게 했을 이유가 없다는 것이다. 고생이 엄청 큰데 얻는
것이 지극히 작기 때문이다. 차라리 그렇게 고생하지 않고 편하게 사는
것이 훨씬 더 나을 것이다. 오직 부활이 있기 때문에 그렇게 고생한
것이다. 바울에게 부활 이후의 영광이 있으며 복음을 알게 된 이들도
부활을 얻게 될 것이기 때문에 그 길을 가는 것이다. 모든 고생을 하여도
부활을 생각하면 작은 것에 불과하다는 것이다.

내일 죽을 터이니 먹고 마시자 하리라. 당시 보통 사람들이 하던 말이다.
내일 어떻게 될지 모르니 오늘 먹고 마시며 즐기는 것이 최고의 가치라는
뜻이다. 사실 부활이 없다면 그렇다. '내일'과 더 나아가 '영원'이
담보되지 않으면 오늘 즐기는 것이 최고의 가치가 될 것이다.

15:33 악한 동무. 부활을 믿지 않는 사람을 말한다. 부활을 믿지 않는
사람들과 함께 하여, 부활을 믿으며 '선한 행실'을 하는 것을 더럽히지
말아야 한다는 말씀이다. 부활을 믿으면 선한 행실을 할 수 밖에 없다.
자신의 삶이 영원한 평가를 받으며 영원한 가치를 가진다는 것을 아는데
어찌 악한 행실의 삶을 살 수 있을까? 그러나 부활을 믿지 않으면 그냥
지나가는 것이니 악한 행실에 전혀 거리낌이 없다.

15:34 죄를 짓지 말라. '부활을 믿는 것'은 '죄가 얼마나 오래 남는지를
아는 것'이기도 하다. 그러니 결코 죄를 쉽게 생각하지 않는다. 부활을
믿는 사람에게는 죄를 짓는 것과 의를 행하는 것의 차이가 '어마어마
하며 영원한 것'임을 안다. 그래서 더욱 의의 사람이 되기 위해 몸부림
치는 사람이 된다.

15:35 죽은 자들이 어떻게 다시 살아나며. 죽으면 육체가 분해되어 땅속으로 사라지는데 어떻게 다시 살아날 수 있을까? 매우 어려운 것 같다. 그러나 우리는 자연 현상에서 이미 비슷한 경우를 많이 볼 수 있다.

15:36 씨가 죽지 않으면 살아나지 못하겠고. 사람들이 농사할 때 뿌리는 씨를 보라. 씨가 식물이 되는 것은 씨가 죽었다는 뜻이다. 씨는 완전히 죽고 식물이 되어 자란다.

15:37 뿌리는 것은 장래의 형체를 뿌리는 것이 아니요. 뿌릴 때 씨의 형체와 실제로 자라는 식물의 형체는 완전히 다르다. 사람들은 의례히 씨를 뿌리고 식물이 나올 것이라 생각한다. 당연하게 생각한다. 익숙하기 때문에 그럴 것이다. 익숙한 것만 진리는 아니다. 익숙하지 않아도 진리인 것이 많다는 것을 알아야 한다. 부활이 그러하다.

15:38 하나님이 그 뜻대로 형체를 주시되. 하나님께서 씨가 자라 식물이 되도록 하신다는 것이다. 하나님께서 하시는 일이기에 그런 놀라운 일이 일어난다. 그렇다면 사람이 부활한다는 것도 하나님께서 하시는 일인데 불가능하겠는가? 전혀 어려운 일이 아니다. 부활이 어려워서 불가능한 것은 결코 없다. 사람들은 부활의 과정이 어렵기 때문에 불가능하다고 생각한다. 자신의 능력 안에서만 생각하기 때문에 불가능한 것처럼 보이는 것이다. 사실 씨에서 식물이 자라게 되는 것도 잘 이해하지 못하면서 받아들이고 부활에 대해서는 받아들이지 않는 것이다. 그것은 불가능하기 때문이 아니라 불신앙 때문이다. '부활의 방법이 어렵다'는 것은 사실 고민할 것이 아니다. 부활하게 하시는 하나님을 믿어야 하는지를 고민해야 한다. 하나님을 믿으면 부활의 방법은 사실 전혀 문제가 되지 않는다.

15:40 사람들은 부활의 몸이 어떤 몸인지 묻는다. 부활한 영광스러운 몸에 대해 받아들이기 어려운 것이다. 사람이 어떻게 그렇게 될 수 있는지 믿을 수 없다는 것이다. 그러나 세상에는 이미 다양한 형체가

있다. 하늘에 속한 형체와 땅에 속한 형체를 비교해 보면 엄청나다. 우리는 하늘의 형체들인 별의 크기가 얼마나 큰지 얼마나 거리가 멀리 있는지를 안다. 땅에 있는 것들은 그것에 비하면 얼마나 작은가. 그렇게 매우 큰 차이가 나는데 지금 이 세상에 함께 공존하고 있다.

15:42 부활 전과 부활 후는 매우 많이 다르다. 이전에는 '썩을 것'이었다면 이후에는 '썩지 아니할 것'이 된다. 이전에는 '욕된 것'이었다면 이후에는 '영광스러운 것'이 된다. '육의 몸이 신령한 몸'이 된다. 그것이 매우 다른 모습이다. 그런데 그것이 불가능한 것이 아니다. 부활이 참으로 영광스러운 것이어서 우리가 부활하면 그렇게 영광스럽게 된다.

15:45 **첫 사람 아담은 생령이 되었다.** 아담은 본래 영이 없었으나 하나님께서 '생기를 그 코에 불어넣어 주셔서' 생령이 되었다. 흙으로 만드신 존재를 생령의 존재로 만드신 하나님께서 썩을 육체를 썩지 않을 육체로 만드시는 것이 어렵겠는가? 흙이 생령이 되는 것이 썩을 육체가 썩지 않을 육체가 되는 것보다 더 어려울 것이다.

15:46 육의 사람이 부활로 신령한 사람이 될 것이다. 그리스도를 통해 부활하여 신령한 사람이 되는 것은 흙이 하나님을 통해 생령이 된 것과 같이 하나님의 역사다.

15:50 **혈과 육은 하나님 나라를 이어 받을 수 없고.** 부활을 아는 사람은 사람이 죽을 육신을 가지고 사는 것이 이제 더이상 본질이 아님을 알게 된다. **썩는 것은 썩지 아니하는 것을 유업으로 받지 못하느니라.** 영원한 나라에 들어갈 사람은 썩을 것으로 끝나는 것이 아니라 '썩지 아니하는 것'으로 변화될 것이다. 부활이다. 더 이상 썩을 것에 매여 있지 말아야 한다.

15:51 우리가 다 잠 잘 것이 아니요. 사람은 이제 잠자는 것(죽음)으로 끝나지 않는다. 이미 죽은 사람도 그렇게 끝난 것이 아니다. **마지막 나팔에 순식간에 홀연히 다 변화되리니.** 주님 재림(마지막 나팔)하시면 모든 이들이 순식간에 변화된다. 이미 죽은 사람도 변화되며 그 당시에 살아 있는 사람도 변화된다. 모든 사람이 영광스럽게 변화된다.

15:54 썩을 것이 썩지 아니함을 입고. 부활하면 다시 죽지 않는다. 다시 썩지 않는다. 부활은 사망을 삼켜버려서 '사망을 이기리라'는 말씀이 성취된다.

15:55 사망아 너의 승리가 어디 있느냐. 이전에는 사망이 승리하는 것 같았다. 사람들은 죽음의 절망 가운데 있었다. 그런데 부활은 사망의 승리를 무력화시킨다. 사망의 승리는 이제 온데 간데없다. **사망아 네가 쏘는 것이 어디 있느냐.** '쏘는 것'은 동물을 몰 때 사용하는 '찌르는 막대기'다. 그래서 상징적으로 '위협' 또는 '해'를 의미한다. 사망이 사용하던 무기가 어디 있느냐고 묻는다. 사망은 더이상 사람들을 찌르며 위협하고 해를 끼치지 못한다.

15:56 사망이 쏘는 것은 죄요. 사망이 사람을 해롭게 하고 찌르는 도구로 사용한 것은 '죄'다. 사람들이 죄를 범하게 만들고 죄의 결과인 죽음에 이르게 하였다. 늘 죄 아래 매여 있었다. 죽음의 그늘에 있었다. 그런데 죄라는 것이 어떤 실체가 있는 것이 아니다. **죄의 권능은 율법이라.** 죄는 율법을 어긴 것이다. 죄가 힘이 있는 것이 아니라 율법을 어김으로 사망에 이르는 것이다.

15:57 주 예수 그리스도로 말미암아 우리에게 승리를 주시는. 예수님의 대속의 은혜로 말미암아 우리는 더 이상 죄의 패배자가 아니다. 예수님께서 율법을 지키시고 성취하심으로 율법조항은 이제 사람 편이 된다. 죄는 우리를 더 이상 찌르지 못한다. 예수 그리스도가 방패가 되어

주시기 때문이다. 부활은 그것을 확실히 보증한다. 죄의 결과인 죽음이 아니라 의의 결과인 부활에 이를 것이다. 부활의 때에 우리가 승리자인 것이 드러날 것이다. 또한 아직 부활하지는 않았고 이 땅에서 살아갈 때도 주님께서 이미 대속하셨기 때문에 우리는 승리자다. 우리가 부활할 것을 믿고 오늘 승리의 삶을 살아야 한다.

15:58 견실하며. 이제 더 이상 죄와 죽음에 흔들릴 필요가 없다. **흔들리지 말고.** 이제 세상 어떤 것도 우리를 복음과 부활의 소망에서 흔들지 못하도록 해야 한다. **주의 일에 더욱 힘쓰는 자들이 되라.** 우리가 이제 해야 하는 일은 '주의 일에 힘쓰는 것'이다. 죽음의 일에 매여 있지 말고 죄책감에 사로 잡혀 있지 말고 오늘 우리가 걸어갈 수 있는 의의 길을 가야 한다. 우리가 그 길을 걸어가도록 주님께서 대신 죽으셨다. 부활하셨다. 그것이 오늘 우리의 부활을 믿는 삶이다. 죄에 대한 승리자의 삶이다.

부활을 믿는 우리는 이미 사망을 넘어 생명으로 옮겼다. 이제 더이상 죄와 사망의 종노릇 하지 말아야 한다. 오직 하나님의 자녀로서 살아야 한다. 죄가 시키는 어리석은 세상의 탐욕을 좇아가는 것이 아니라 하나님께서 말씀하시는 영광스러운 일을 좇아가야 한다. 부활의 영광을 살아가는 우리가 되기를.

16 장

16:1-12 편지를 마치는 부가적 이야기

16:1 성도를 위하는 연보. 예루살렘 교회가 기근으로 인하여 어려움 가운데 있었고 다른 지역 교회들이 함께 돕고 있었다. 그래서 고린도 교회도 그 일에 함께 동참하라고 말한다. '연보'로 번역한 단어는

세금이나 이방 신전을 위한 기금모음에도 사용하는 단어다. 그러나 성도를 위하는 모금이기 때문에 '헌금'이라 번역할 수 있다. 그들이 내는 돈은 성도를 위하는 것이기 때문에 어떤 것보다 가치 있는 돈이 된다. 교회가 교회를 돕는 일은 매우 유익하다. 궁극적으로 모든 교회는 한 몸이다. 모두 그리스도의 몸이다. 그러기에 교회가 교회를 돕는 것은 마땅한 자세다.

16:2 매주 첫날에 너희 각 사람이 수입에 따라. 돕는 헌금은 부담이 되지 않으면서 많이 할수록 좋다. 한꺼번에 한다면 액수가 더 많고 부담이 될 수 있다. 그래서 매주 헌금하여 한꺼번에 하는 액수를 줄이면서도 자연스럽게 더 많이 할 수 있도록 하였다. **각 수입에 따라 모아 두어서.** 헌금은 믿음대로 하는 것이기도 하지만 기본은 수입에 따라 하는 것이다. 더 많이 버는 사람은 더 많이 하고 더 적게 버는 사람은 적게 하여야 한다. 더 많이 버는 것은 이런 일에 사용하라고 주어진 것이기도 하다. 더 많이 벌면서 인색하여 더 많이 하지 못한다면 그 사람이 더 많이 버는 것은 복이 되지 못하고 재앙이 될 것이다. 더 많이 버는 사람은 더 많이 헌금할 수 있는 것을 복으로 알아야 한다. 사실 모든 돈이 자신의 것이 아니며 단순히 청지기일 뿐인데 마치 자신의 것처럼 그것으로 헌금할 수 있으니 얼마나 감사한 일인가?

16:7 가는 길에 너희 보기를 원하지 아니하노니. 지나는 길에 짧게 만나는 것이 아니라 조금 더 길게 머무르고 싶은 마음을 전하고 있다.

16:8-9 오순절까지 에베소에 머물려 함은 내게 광대하고 유효한 문이 열렸으나. 그는 고린도 교회에 있는 문제에 대해서는 편지로 해결하고 에베소에 있는 복음 전도의 기회를 잘 사용하고자 하였다. **대적하는 자가 많음이라.** 에베소에서는 여전히 그가 복음 전하는 것을 방해하는 사람들이 많이 있었다. 복음을 전해야 하는 곳이 많으니 복음이 조금 쉽게 전해지면 좋을 것 같다. 그것이 전하는 사람에게나 받는 사람에게

좋을 것 같다. 그런데 바울의 때에 그렇지 않았다. 복음이 전해지는 것이 어렵게 전해지는 것에 대해 낙심하지 말아야 한다. 앞에서 돈이 부족한 것이 절망이 아니라 도울 수 있는 기회가 되는 것처럼 복음에 방해하는 사람이 많은 것도 절망이 아니라 기회가 된다. 어려움에도 불구하고 복음을 전함으로 주의 일에 힘쓸 기회가 된다. 복음을 전하는 바울이나 복음을 받아들이는 에베소나 모든 사람들에게 기회다. 어려움으로 인하여 복음이 덜 전해질 수는 있다. 그러나 어려움은 기회를 더 크게 만든다. 더 많은 사람에게 복음이 전해져야만 하는 것이 아니다. 어려움에도 불구하고 복음을 전하고 있는 모습 자체가 더 큰 기회요 복이다. 하나님은 전능하신 분임을 기억하라. 공부 잘 하는 학생에게 어려운 문제는 오히려 도전의식을 더 준다. 더 실력을 키울 수 있는 기회다. 전능하신 하나님을 믿는 우리는 더욱더 그러하다. 어려움을 만나면 재앙이 커지는 것이 아니라 복이 커진다. 절망이 아니라 기회로 받아들여야 한다.

16:10 조심하여 그로 두려움이 없이 너희 가운데 있게 하라. 디모데는 더 젊어서 그런지 아니면 성격이 그러한 지 '두려움'에 대한 이야기가 많이 나온다. 부족한 모습일 수 있다. 그러나 그것에 대해 포용하고 오히려 더 조심하게 대할 것을 말한다. **주의 일을 힘쓰는 자임이라.** 주의 일에 힘쓰는 자를 낙심시키지 말아야 한다.

16:12 아볼로. 아볼로에 대해서도 말한다. 아볼로가 고린도 교회에서 인기가 많으니 가서 문제해결을 하면 좋을 것도 같다. 그런데 어찌된 일인지 아볼로는 바울의 권면을 거절하였다. 아볼로가 그렇게 생각하니 바울이 더 이상 강요할 수는 없었다. 사람의 마음이 강요로 되는 것이 아니다. 그러기에 바울은 '많이 권하였으나' 그가 자신의 뜻을 따르지 않는 것에 대해서는 크게 개의치 않았다. 다른 사람의 마음이 내 마음처럼 되는 것이 아니다. 사실 자신의 마음조차도 잘 조절하지 못한다.

16:13-14 바울은 고린도 교인들이 살아야 하는 삶에 대해 마지막으로 5개 동사(헬라어)를 사용하여 말한다. **깨어 있으라.** 이 단어는 주님의 재림을 기다리는 데 자주 사용하는 단어다. 주님이 언제 오실 지 모른다. 신앙인은 세상에 묻혀 있지 말고 깨어 있어야 한다. 세상 사람들은 '죽은자'다. 그들 속에서 잠자는 자로 있지 말고 깨어 있어 신앙인이 가야 하는 진리의 길을 가야 한다. 주님이 언제 오시더라도 기쁨으로 맞이할 수 있어야 한다. **믿음에 굳게 서라.** 신앙인이 믿는 것에 흔들리지 말고 굳게 서야 한다. 믿음위에서 살아야 한다. 특히 복음을 명심해야 한다. 주님의 대속을 아는 사람이 어찌 세상의 일에 흔들리겠는가? 그리스도의 재림을 아는 사람이 어찌 세상의 일에 정신 팔리고 있겠는가? **남자답게 행동하라.** 어른의 성숙함이나 남자의 용맹스러움을 의미한다. 죄와 싸우는 일에 이것이 더 필요하다. 거짓을 이기기 위해서는 용기가 필요하다. 성숙함이 필요하다. 어린아이 같이 죄에 끌려 다니지 말아야 한다. 세상에서 살 때 용기를 내서 신앙인으로 살아가는 걸음을 걸어가야 한다. **강건하라.** 신앙인이지만 세상에서 돈이나 여러 연약함을 가지고 있다. 그럼에도 불구하고 신앙인은 강하다. 전지전능하신 하나님을 믿기 때문이다. 우리는 세상에서 약자가 아니다. 늘 강하다. 아무리 힘이 없고 약하여도 여전히 강하다. 세상에서 강하게 살아야 한다. **사랑으로 행하라.** 사랑이 쉬운 것이 아님을 13장에서 보았다. 그러나 또한 영원한 것임을 보았다. 가장 귀한 것임을 보았다. 그래서 신앙인은 모든 것을 사랑으로 행해야 한다. 무엇을 하든지 사랑을 가지고 사랑으로 해야 한다.

16:16 **일하며 수고하는 모든 사람에게 순종하라.** 주님의 일을 위해 일하며 주님의 일에 수고하는 사람들이 있다. 그들의 일에 함께 동참하라는 말이다. 세상 일에 마음 빼앗겨 정신없이 살지 말고 주님의 일이 귀함을 알아야 한다. 주님의 일을 위해 일하는 사람과 함께 할 때 주님의 일을 더 할 수 있게 된다. 주님의 일을 하는 일에 동참하는 것을 기쁘게 여겨야 한다. 감사하게 여겨야 한다. '왜 또 섬겨야 하냐'고

말하지 말고 그것이 주님께서 기뻐하시는 주님의 일인 것 같으면 기쁨으로 동참하라. 순종하라.

16:18 이런 사람들을 알아주라. 이것은 사람을 인정하라는 말이 아니라 그들이 행하고 있는 하나님의 일을 인정하는 것이다. 그들이 하나님의 일을 통해 '나와 너희 마음을 시원하게 하였으니' 알아주라고 말하고 있다. 하나님의 일을 하는 사람을 존중하는 것은 하나님의 일이 귀하기 때문이다. 사람들의 이기주의적 자랑이 많다. 그런 사람들이 인기도 많다. 그러나 중요한 것은 사람이 아니다. 하나님의 일이다. 하나님의 일이 아니라 사람의 일로 자신의 이름을 높이려는 사람들을 인정하지 말라. 오직 하나님의 일이 되고 하나님의 이름이 영광을 받아야 한다.

16:22 주를 사랑하지 아니하면 저주를 받을지어다. 마지막 인사에서 재앙을 말하는 것은 매우 독특하다. 아마 '우리 주여 오시옵소서'라는 말과 연관이 깊은 것 같다. '주여 오소서(마라나타)'라고 말한다. 주님의 재림은 필연적으로 심판이 있다. 심판은 필연적으로 누군가에게는 재앙이 있고 누군가에게는 은혜가 임한다. **주를 사랑하지 아니하면 저주를 받을지어다.** 이 사실을 마음에 깊이 새길 필요가 있다. '죄를 범하는 자'가 아니라 '주를 사랑하지 아니하는 자'에게 재앙이 있을 것이다. 사실 '죄'와 '주를 사랑하지 않는 것'은 비슷한 말이다. 주를 사랑하지 않는 모든 것이 죄다. 사랑하는 것이 무엇을 의미하는지 13장에서 잘 말하였다. 주를 사랑한다는 것은 말로만 사랑한다는 것이 아니라 사랑하기 때문에 '오래 참고'부터 시작된 수많은 것이 포함된다. 주를 사랑하기 때문에 원수를 사랑해야 한다. 그렇게 주를 사랑하는 마음으로 오래 참고 친절하며 시기하지 않고 교만하지 않는 등 수많은 것들이 담겨 있다. 그것을 위해 오늘 애쓰고 수고하며 자신과의 싸움을 하고 있어야 한다. **주여 오시옵소서.** 이렇게 기도하고 있는가? 초대교회에서는 기도문이나 인사말에서 이런 말들이 많았는데 이상하게 오늘날에는 이 고백이 많이 사라진 것 같다. 그것은 그만큼 주님의 오심을 기다리지 않는다는 말이고 준비되지 않았다는 말이다. 주의

오심이 준비되어 있고 준비하는 사람이 복된 사람이다. 주님이 오실 때 재앙이 아니라 은혜를 받을 사람이다.

단순히 세상에서 사는 것이 힘들어서 '주여 오소서'라고 말하는 것이면 안 된다. 단순히 힘들다고 그 사람이 은혜를 덧 입는 것은 아니다. 이 고백을 할 수 있기 위해서는 앞에서 나온 5 가지 동사를 행동하면서 준비해야 한다.

고린도후서

서론

1.특징

바울이 고린도전서를 보내고 나서 1 년 안에 보낸 편지다. 고린도전서와 고린도후서 사이에는 바울이 고린도 교회를 한 번 방문하였고 한 편의 다른 '쓰디쓴 편지'를 보냈다. 신앙의 본질에 대한 이야기가 주를 이루며 바울 자신이 문제를 만나 해결하고 관계가 회복하는 과정을 볼 수 있다. 헌금에 대한 긴 이야기도 담겨 있다.

2.유명한 구절

신앙의 본질에 대한 구절이면서 오해하는 경우가 많은 구절이 있다. "우리가 이 보배를 질그릇에 가졌으니 이는 심히 큰 능력은 하나님께 있고 우리에게 있지 아니함을 알게 하려 함이라" (고후 4:7) '보배'는 무엇을 말하는 것일까? 구절 안에 있는 '하나님'으로 오해하는 경우가 많다. 그러나 보배는 '복음 그리스도를 아는 지식'을 말한다.

개인적으로 가장 좋아하는 구절은 "무명한 자 같으나 유명한 자요 죽은 자 같으나 보라 우리가 살아 있고 징계를 받는 자 같으나 죽임을 당하지 아니하고" (고후 6:9)이다. '무명한 자 같으나 유명한 자요'라는 구절을 좋아한다. 비교급이다. '무명한 만큼 유명하다'라고 번역하는 것이 좋은 것 같다. 세상에서 무명한 것 때문에 슬플 때가 많으나 어쩌면 무명한 만큼 하나님 앞에서는 '유명한 자'일 수 있다. 하나님 앞에서의 나의 위치를 점검하는 것이 중요하다. 세상에서 무명한 것 때문에 하늘에서 유명하다면 세상에서의 무명을 오히려 더 사모해야 할 것이다.

1장

1:3 바울은 편지를 쓸 때 인사말 후에 보통 칭찬과 기도로 시작한다. 그런데 고린도후서는 예외적으로 고난에 대한 말로 시작한다. 고난이 있으나 하나님의 위로하심으로 극복하는 것을 말한다.

찬송하리로다. 이 단어로 편지를 시작한다. 바울은 최근에 큰 어려움을 겪었다. 고린도전서와 고린도후서 사이에 1년 정도 간격이 있다. 이 기간에 그는 고린도에 한 번 방문하였고 한 통의 편지를 쓴 것으로 보인다. 그런데 방문은 고통스러운 방문이 되었으며 편지는 통렬한 편지가 되었다. 그가 복음을 전하는 곳에서도 '죽음'을 느낄 정도로 매우 힘든 일을 겪은 것으로 보인다. 그러나 그래서 그는 '찬송하리로다'라는 고백으로 편지를 시작할 수 있었던 것으로 보인다.

위로의 하나님이시며. 바울은 내적 외적 아픔을 통해 하나님의 위로를 경험하였다. 7절까지 위로라는 단어가 10번 나온다. '위로'는 '슬프고 힘든 일을 겪었으나 슬픔을 이길 수 있도록 격려되고 용기를 가지게 되는 경우'를 말한다. 본문의 위로는 단순한 위안과는 다르다. '슬픔을 달래는 것' 정도가 아니라 '어려움을 극복함'으로 얻는 것으로서 때로는 그 어려움을 벗어남으로 위로되고 때로는 의미를 발견하여 위로된다.

극복은 고난을 받기 전보다 더 유익하게 된 다. 바울은 내적 외적으로 많은 고난을 받았다. 복음전파에 수고를 많이 하니 고난이 없으면 좋을 것 같다. 최소한 내적 고난은 없어야 할 것 같기도 하다. 그러나 바울은 많은 고난을 겪었다. 특히 고린도 교회와의 관계는 바울에게 심적 고통을 많이 준 것으로 보인다. 그러나 바울은 그것으로 인해 오히려 하나님을 찬양하게 되었다. 위로하시는 하나님을 경험하게 됨을 감사하였다.

1:4 환난 중에서 우리를 위로하사. 환난 중에서 우리를 위로하시는 하나님을 만나게 된다. 어떤 사람은 환난이 없으면 더 좋지 않느냐고 말한다. 그러나 환난이 없으면 위로도 없다. 환난이 없었으면 하는 것은 죄의 문제를 해결하지 않으려는 안일한 생각이다. 환난을 통해 위로를 경험해야 하는 이유는 우리 자신의 죄와 사람들의 죄 때문이다. 세상에 죄가 많다. 그래서 환난이 있다. 죄를 이겨야 한다. 환난 중에 위로를 받는 순간들이 죄를 이기는 순간이다.

1:5 그리스도의 고난이 우리에게 넘친 것 같이. 바울은 자신들이 받는 고난이 '그리스도의 고난'이라고 말한다. 그리스도께서 우리의 구원을 위해 고난을 받으셨다. 바울 일행의 고난 또한 그들과 다른 사람들에게 유익하였다. 그리스도의 고난이 대속의 고난이라면 바울 일행은 고난을 통해 그리스도의 고난의 의미와 위로하시는 하나님까지 경험하게 되면서 유익하였다. 그들의 고난이 누군가에게 복음을 전하는 것이 되기에 유익이 된다. 바울이 그렇게 아파하면서 고린도 교회의 문제를 다룬 것이 결국 오늘날 교회에 유익이 된다.

우리가 받는 위로도 그리스도로 말미암아 넘치는도다. 바울은 그가 받는 고난을 고난에만 머무르게 하지 않았다. 그 속에서 끊임없이 기도함으로 고난 가운데 '위로'를 경험하였다. 고난이 넘침으로 위로도 넘쳤다고 말한다. 신앙인은 고난을 결코 낭비하지 말아야 한다. 고난을 받을 때 '왜' '괜히'라고 말하지 마라. 바울은 고린도 교회와의 갈등이나 복음전파 사역에서의 위험에서 그렇게 말하지 않았다. 물론 그런 생각이 들었을 수는 있다. 그러나 그는 그러한 고난을 회피하지 않고 기도하면서 하나님의 은혜를 구하였다. 그래서 하나님의 위로를 경험하였다. 고난을 극복하였다. 고난은 아프다. 아프면 고스란히 상처가 된다. 고난에서 머무르지 마라. 고난에서 도망가면 상처는 그대로 남는다. 고난에서 하나님의 위로를 경험하라. 하나님께서 극복하게 하실 것이다. 때로는 고난의 문제를 제거해 주시고 때로는 고난을 견디게 하심으로 극복하게 하신다. 극복은 제거 이든 견딤 이든 그곳에서 예수님의 고난과 하나님의 위로를 경험하게 되고 찬양이 되게 해야 한다.

1:6 우리가 환난 당하는 것도 너희가 위로와 구원을 받게 하려는 것이요. 그리스도의 고난이 모든 신앙인에게 유익을 가져온 것처럼 신앙인의 고난은 자기 자신과 이웃에게 유익을 가져온다. 그래서 고난이 있고 견딜 수 있다.
세상에서의 작은 유익도 보라. 유익은 많은 경우 잘 견뎌야 오는 경우가 많다. 운동의 좋은 기록이나 공부, 돈 버는 것 모든 것들이 잘 견뎌야 얻을 수 있다. 힘들어도 잘 견딜 수 있는 것은 그것이 가져주는 유익을 알기 때문이다. 우리의 신앙도 그러하다. 신앙인이 겪는 고난은 억울하게 당하는 것이 아니라 사역이다.

1:9 우리가 사형 선고를 받을 줄 알았으니. 정부 당국으로부터 사형선고를 받았을 수도 있고 아니면 다른 방식으로 거의 죽음에 이르렀던 것으로 보인다. 그 가운데 바울은 죽음과 부활에 대해 깊이 생각했던 것으로 보인다. **우리로 자기를 의지하지 말고 오직 죽은 자를 다시 살리시는 하나님만 의지하게 하심이라.** 죽어도 부활할 것이라는 믿음으로 평안을 얻고 하나님만을 의지하는 경험을 하였다. 고린도전서에서 그가 편지에서 썼던 부활신앙을 더욱더 실제적으로 가지게 되었다. 고난은 그렇게 우리의 믿음을 실제가 되게 하는 경우가 많다.

1:12 우리가...하나님의 거룩함과 진실함으로 행하되. 바울은 자신의 계획 변경이 인간적인 유익을 추구한 것 때문이 아님을 말한다. 바울은

자신이 '하나님의 진실함을 따라 행하였다'고 말한다. 이것은 그의 변명이 아니라 당당함이다. **육체의 지혜로 하지 아니하고 하나님의 은혜로 행함**. 그가 육체의 지혜를 따라 얕은 꾀로 계획을 변경하였다면 변명해야 했을 것이다. 그러나 그는 하나님의 은혜를 좇아 행했다고 말한다. **우리의 양심이 증언하는 바이니**. 그는 진실로 하나님 앞에서 행하였다. 그래서 감히 하나님의 신실함을 따라 행동하였다고 말할 수 있었다. 오늘날 누군가 '하나님의 진실함을 따라' 행했다고 하면 교만하다고 생각하는 경향이 많은 것 같다. 의인은 없기 때문에 누구도 하나님의 진실함으로 따라 살수 없다고 생각한다. 그래서 하향평준화가 되었다. 아니다. 우리의 목표는 늘 하나님이어야 한다. 하나님의 진실하심에 따라 우리도 진실해야 한다. 그것이 하나님께서 우리에게 말씀하시는 것이다. 그래서 문제가 생길 때 우리는 양심을 살피며 진정 '하나님을 따라 진실하였는지'를 살펴보아야 한다. 그것에 대해 '아멘'이라고 말할 수 있어야 한다.

1:13-14 너희가 우리를 부분적으로 알았으나. 바울은 고린도 교회의 오해를 이해하였다. 세상의 사람 이해는 늘 부분적이다. 어쩔 수 없는 측면이 많다. 그러나 바울은 말한다.
주 예수의 날에는 너희가 우리의 자랑이 되고 우리가 너희의 자랑이 되는 그것이라. 바울은 믿었다. 주님 오실 때 모든 것이 드러나면 바울이 고린도 교회에 떳떳하게 행동하였다는 것을 알게 될 것이다. 바울은 고린도 교회에 자랑이 될 것이다. 바울은 고린도 교회를 사랑하였다. 그러기에 고린도 교회 또한 바울에게 자랑이다. 우리가 서로를 대할 때 바울의 이런 마음이어야 한다. 부분적으로 아는 지금은 오해가 있을 수 있지만 모든 것이 드러나는 그 날에는 더욱더 떳떳할 수 있어야 한다.

1:16 바울은 자신이 고린도 교회를 방문하는 것이 유익을 끼치는 것이라 생각하여 방문하고자 하였다. 그러나 사람의 계획이 그대로 되는 것은 아니다.

1:17 계획할 때에 어찌 경솔히 하였으리요. 바울의 계획이 뜻대로 되지 않았다. 그러자 '경솔하였다'고 비난하는 사람들이 있었다. 신실하지 못하다고 비난하기도 하였다. 그렇지 않아도 고린도 교회 안에 바울을 향한 불만이 있었는데 그러한 불만이 더 커졌다. **육체를 따라 계획하여 예 예 하면서 아니라 아니라 하는 일이 내게 있겠느냐.** 그는 신실하신 하나님을 믿는 사람으로서 결코 육체를 따라 약속을 멋대로 어긴 것이 아니라고 말한다.

1:18 하나님은 미쁘시니라. 바울은 하나님의 신실하심을 따라 사는 자녀로서 고린도 교회에 음흉한 마음이나 신실하지 못한 마음 때문에 계획을 변경한 것이 아니라고 말한다. 하나님의 신실함을 알기에 바울도 신실함을 따라 행동하였다고 말한다.

1:20 하나님의 약속. 하나님의 약속은 늘 신실하게 성취되었다. 약속의 신실함을 알기에 바울도 계획에 대해 신실한 이행을 위해 최대한 노력을 하였을 것이다. 하나님의 신실함을 알고 믿기에 바울이 신실함을 벗어나 멋대로 약속을 어길 리가 없다. 바울은 신실하신 하나님 앞에서 자신도 신실하기 위해 모든 노력을 기울였음을 말한다. 신앙인은 하나님의 신실하심을 따라 신실해야 한다. 그런데 무지와 연약함으로 인해 우리의 계획과 약속을 다 지키지 못할 때가 많다. 신실하지 못한 경우가 있고 연약함이 있다. 이 둘을 구분해야 한다. 신실하지 못한 경우는 자신의 이익을 따라 멋대로 약속을 어기는 경우다. 사람들이 이러할 때가 많다. 그리고 연약함은 무지 또는 더 큰 하나님의 계획에 의해 우리의 계획이 바뀌는 경우다. 그러한 경우도 사람들은 자신들에게 조금이라도 손해가 되면 신실하지 못하다고 비난한다. 그러할 때 우리는 하나님 앞에 다시 서야 한다. 하나님 앞에서 신실하였는지를 생각해 보아야 한다. 양심에 비추어 부끄러움이 없다면 그것은 신실하다 말할 수 있다. 오히려 자기의 계획대로 하기 위해 하나님의 계획을 받아들이지 못하면 불신앙이 된다.

그런데 우리의 양심이 우리를 속일 때도 있다. 그래서 늘 겸허히 하나님 앞에 서서 신실함을 구해야 한다.

1:23 내가 목숨을 걸고 하나님을 불러 증언하시게 하노니. 바울은 자신을 비난하는 이들의 말 때문에 억울하였다. 무엇보다 자신이 비난받으면 복음이 비난받기 쉽고 교회가 흔들리기 때문에 더욱더 마음이 아팠다. 그래서 하나님의 이름으로 엄숙히 맹세한다. 하나님 앞에 거짓말하면 죽음이라는 마음으로 자신의 목숨을 걸고 맹세하면서 자신의 입장을 설명하였다.
내가 고린도에 가지 아니한 것은 너희를 아끼려 함이라. 바울은 본래 고린도 교회를 두 번 가려 하였다. 그런데 처음 방문에서 엄청난 아픔을 겪어 두 번째 방문을 하려던 계획을 취소하고 대신 편지를 보냈다. 그런데 그가 방문하지 않은 것을 가지고 비난하는 이들이 있었다. **너희를 아끼려 함이라.** 바울은 그가 고린도 교회에 가지 않은 것은 자신의 이익이나 인간적인 생각이 아니라 하나님 앞에서 무엇이 고린도 교회에 유익이 될지를 심각하게 생각하고 내린 결정이라고 말한다.

1:24 너희 믿음을 주관하려는 것이 아니요. 바울이 비록 고린도 교회를 설립하였고 사도로서 가르치고 있지만 고린도 교회의 일에 자신이 직접 나서는 것을 좋아하지 않았다. 그것은 고린도 교인들의 믿음을 주관하는 것처럼 생각할 수 있기 때문이다. **너희 기쁨을 돕는 자가 되려 함이니.** 바울은 무엇이 옳고 그른 것인지를 설명하면서 그들이 옳은 결정을 내리도록 돕는 역할을 하는 것이니 무엇을 내리도록 강요하는 것은 옳지 않다고 생각하였다. **너희가 믿음에 섰음이라.** 바울이 생각하기에 고린도 교인들이 믿음을 가지고 있기 때문에 스스로 믿음을 기준으로 선택할 수 있다고 생각하였다.

2 장

2:1 근심 중에 나아가지 아니하기로 결심하였노니. 고린도전서를 보낸 후 그가 고린도 교회를 한 번 방문했었다. 고린도 교회의 문제를 해결하기 위한 방문이었다. 그런데 그것으로 인하여 더 많은 문제가 생겼다. 바울은 행복하지 않은 마음으로 교회를 방문하는 것이 유익하지 못하다 생각하였다. 그래서 다시는 그런 마음으로 가지 않겠다고 말하고 있다.

사람의 만남은 행복해야 한다. 문제를 해결하고자 하였는데 오히려 더 문제를 만들기도 한다. 우리의 생각이 짧기 때문이다. 많은 문제를 안고 사는 것이 우리의 모습이다. 어떤 면에서는 그것이 어쩔 수 없다. 그래서 우리는 천국을 기다린다. 중요한 것은 문제 해결이 아니라 진실한 마음과 자세다. 바울은 지금 계속 문제를 안고 있었다. 그러나 그는 하나님 앞에서 정직한 마음과 자세를 가지고 있었다. 그 마음이 문제를 바로 해결하지는 못하였다. 그러나 결국은 문제를 해결하는 기본이 된다. 혹 문제가 해결되지 않아도 하나님 앞에서 드러날 것이다. 그러기에 이 마음을 가지고 있으면 모든 문제가 해결된 것이나 마찬가지다.

2:3 내가 이같이 쓴 것은. 그가 쓰라린 방문 이후 두 번째 방문 대신 쓴 편지를 말한다. 그런데 이 편지도 매우 쓰라린 편지였다. **나를 기쁘게 할 자로부터 도리어 근심을 얻을까 염려함이요.** 그의 방문이 고린도 교회의 다른 사람들에게 근심이 될 것 같아 그렇게 편지를 쓰게 되었다고 말한다.

2:5-6 나를 근심하게 한 것이 아니요 어느 정도 너희 모두를 근심하게 한 것이니. 바울을 비난하였던 사람은 바울을 공격한 것이기도 하지만 결국 교회를 공격한 것이다. **이러한 사람은 많은 사람에게서 벌받는 것이 마땅하도다.** 바울은 그를 책벌해야 한다고 생각하여 편지에 엄하게 썼다. 그것이 교회를 세우는 길이다. 그래서 결국 교회는 그를 치리하였다.

2:7 너희는 그를 용서하고 위로할 것이니. 바울은 성경이 되지 못한 '쓰라린 편지'에 이어 고린도후서를 쓰면서 이야기한다. 이전 편지에서 그 사람을 책벌하라 말하였다. 이전 방문에서 고린도 교회가 바로 책벌하지 않은 것 때문에 바울 마음이 많이 상하기도 하였었다. 그런데 이번에는 용서하라고 편지를 쓰고 있다. **그가 너무 많은 근심에 잠길까 두려워하노라.** 교회가 책벌한 사람이 회개한 것으로 보인다. 그래서 바울은 그를 용서하라고 말하고 있다. 책벌이 너무 길어져 벌을 받는 사람이 '너무 많은 근심'에 빠지면 안 되기 때문이다. 바울은 이전에 그를 책벌하라 강하게 말하였는데 그것이 교회를 세우기 위한 것이며 또한 책벌을 받는 사람을 위해서도 그리하였다는 것을 볼 수 있다.

2:8-9 사랑을 그(들)에게 나타내라. 이제 '사랑할 때'가 되었다. 책벌해야 할 때가 있고 사랑해야 할 때가 있다. 사실 모든 순간 사랑이지만 사랑을 보여주고 확증할 때가 있다. 그 사람에게 교회가 그를 사랑하고 있음을 보여줄 때가 되었다고 말하고 있다.

2:10 너희가 무슨 일이든지 누구를 용서하면 나도 그리하고. 바울은 교회가 행여나 자신 때문에 그 사람을 용서하지 못하고 있지 않기를 바랐다. 그래서 교회가 그를 용서하면 바울도 당연히 용서하겠다고 말한다. **내가 만일 용서한 일이 있으면 용서한 그것은 너희를 위하여 그리스도 앞에서 한 것이니.** 바울은 이미 용서한 것 같다. 바울은 고린도 교회를 위하여 용서하였고 그것이 그리스도 앞에서 옳은 것이라는 확신을 가지고 그렇게 용서하였다.

2:11 우리로 사탄에게 속지 않게 하려 함이라. 미움은 사탄의 전략이다. 사탄의 전략에 속지 않도록 결국 용서와 사랑하는 길을 가야 한다고 말한다. 회개하는 이들을 용서해야 한다. 미움은 사탄의 지혜이고 사랑은 하나님의 지혜다.

때로는 죄를 자랑하는 것이 아니라면 회개를 하지 않아도 용서하는 것이 필요하다고 나는 생각한다. 많은 사람들은 어리석어서 죄를 범한다. 말을 함부로 한다. 자신들이 그런 말을 한 것조차 기억 못한다. 그래서 회개도 못한다. 그런 이들을 향하여 용서할 수 있어야 한다. 용서가 죄를 이기고 사랑이 죄를 이기기 때문이다. 용서하여 죄가 더 많이 생길 것 같으면 회개가 없는 용서를 하지 말아야 하지만 대부분은 용서가 죄를 이긴다.

2:13 디도를 만나지 못하므로 내 심령이 편하지 못하여. 바울은 드로아에서 복음을 전하고 있었다. **문이 열렸다.** 드로아에서 복음 전파 사역이 잘 되고 있었다. 그런데도 불구하고 그는 마게도냐로 떠났다. 디도를 만나지 못하여 마음이 불편하였기 때문이다.

바울은 왜 그렇게 디도를 기다리고 있었을까? 디도가 고린도에 바울의 편지를 가지고 갔기 때문이다. 고린도전서와 고린도후서 사이에 바울이 쓴 편지가 있는데 그 편지를 가지고 갔다. 편지의 내용이 매우 '쓰라린 내용'이다. 한 사람을 치리하는 것에 대한 이야기다. 바울은 고린도 교인들이 그의 권고를 잘 받아들일지, 디도가 먼 길을 오고 가고 있는데 늦어지니 안전한지, 고린도 교회는 여전히 문제로 가득한지 아니면 평안을 찾았는지 등으로 인하여 디도를 기다리고 있는데 오지 않으니 염려되는 마음이 가득하였던 것이다. 외적으로 힘들고, 내적으로 힘들어도 그것이 실패는 아니다. 이미 '잘 살고 있습니다'라는 말을 들을 수 있는 사람들이 많다. 어려움에 '실패의 마음'까지 더하면 안 된다. 실패의 마음을 갖지 않도록 조심해야 한다.

바울은 자신의 아픔을 돌아보면서 믿음의 정체를 깊이 고민하고 묵상한 것 같다. 그래서 디도가 오지 않는 상황에서(2:13) 디도가 오는 상황까지(7:5) 그 사이에 마치 딴 이야기와 같은 말을 한다. 아픔 가운데 묵상하면서 생각한 것으로서 신앙생활의 본질에 대한 이야기다.

2:14 하나님께 감사하노라. 이 문장은 '하나님께 감사하노라'가 제일 앞에 나오며 또한 이후의 모든 것을 이끄는 문장이다. 그는 기쁨과 아픔이 공존하는 지금 상태에서 자신을 돌아보았을 때 '하나님께

감사하노라'고 고백할 수밖에 없었다. 참으로 감사함으로 찬양하였다. 그가 믿음의 승리자로 살고 있기 때문이다. 바울이 생각하는 '승리자의 모습'은 어떤 것일까? **항상 우리를 그리스도 안에서 이기게 하시고.** 그는 자신이 승리자임을 믿었다. 지금 비록 어려움이 있지만 실패한 상태가 아니라 이긴 상태에 있다. '이기게 하시고'라는 단어를 잘 살펴볼 필요가 있다. 이 단어는 '승리하다' '승리를 기념하다' '승리의 행진을 이끌다'라는 의미다. 로마는 전쟁에서 큰 승리를 하면 개선행렬을 하였다. 포로들과 탈취물을 앞세우고 승리한 장군과 군인들이 의기양양하게 행진하였다. 그 규모가 매우 대단하여 요세푸스라는 역사가는 '그 규모와 웅장함을 도저히 말로 다 설명할 수 없다'라고 말한다. 바울은 그 대단한 개선행렬을 생각하면서 말하고 있다. 바울이 개선행렬에서 자신을 누구에게 비유하고 있는지 정확하지 않다. 승리라고 하니 보통은 '군사'일 것 같다. 그렇게 주장하는 학자도 있다. 그런데 단어적 용례는 '포로'를 지칭할 가능성이 더 높다. 그래서 처음에는 해석이 조금 이상하다. 상식과 맞지 않기 때문이 그러나 조금 자세히 살펴보면 바울이 말하려고 하는 것이 무엇인지를 알 수 있다. 바울은 자신을 지금 개선행렬에서 '포로'로 있는 것을 이미지화 한 것 같다. 그의 상태가 지금 그렇다. 매우 힘든 모습. 여기에서 장군은 '그리스도'가 확실하다. 그렇다면 지금 바울은 그리스도에게 포로로 잡혀 있는 모습을 그리고 있다. 포로의 모습으로 매우 힘든 모습이다. 그러나 그가 그리스도께 잡힌 포로다. 그가 힘든 길을 가고 있는 것은 그리스도께 포로로 잡혔기 때문이다. 바울은 승리자의 모습을 '포로'로 말하고 있다. 힘들어도 그리스도의 뜻이라면 가는 그리스도의 포로다. 승리는 사람들이 환호하고 칭찬하는 모습이나 자신의 편안함에 있는 것이 아니라 그리스도께 복종하는 것에 있다. 세상의 승리는 무엇을 얻는 것이고 자기 자신이 드러나는 것이지만 신앙인의 유일한 승리는 '그리스도의 주인 되심'이다. 바울은 힘들게 끌려오는 포로의 모습을 승리자의 모습으로 그리고 있다. 세상에서는 힘들지만 영원한 나라에서는 영광을 누릴 모습이다.

우리로 말미암아 각처에서 그리스도를 아는 냄새를 나타내시는 하나님께 감사하노라. 바울의 어떤 모습이 그리스도를 드러내는 냄새가 되었을까? 바울의 낮아지는 모습이다. 힘들어도 포기하지 않고 가는 모습이다. 그리스도는 로마 황제의 자리에 오르지 않으시고 십자가에 오르셨다. 십자가의 그리스도를 아는 지식이 매우 중요하다.

2:16 이 사람에게는...사망에 이르는 냄새요 저 사람에게는...생명에 이르는 냄새라. 개선 행렬에는 많은 향기가 사용되었다. 신전은 문을 활짝 열고 아주 강한 향기를 냈다. 진한 향기는 행렬에 참석한 사람이나 지켜보는 시민들에게는 생명의 향기처럼 기분 좋고 마음이 좋을 것이다. 그러나 포로에게는 아무리 냄새가 좋아도 사망의 냄새다. 광장에 도착하면 포로 중 일부를 죽여서 그들의 승리를 기념할 것이기 때문이다. 바울은 개선행렬의 냄새 이미지를 채택하여 설명하였다. 자신들이 풍기는 향기는 그리스도의 향기로서 누군가에게는 생명을 낳고 누군가에게는 죽음을 낳을 것임을 말한다. 모두에게 향기인 것이 아니다.

3 장

3:1 우리가 어찌 어떤 사람처럼 추천서를 너희에게 부치거나 혹은 너희에게 받거나 할 필요가 있느냐. 고린도 교회에서 문제를 일으키는 어떤 사람들은 예루살렘의 추천서를 가지고 왔던 것으로 보인다. 그래서 어떤 사람들은 바울에게도 그런 추천서를 요구하였던 것으로 보인다. 그러나 바울은 자신은 그런 추천서가 필요 없다고 말한다.

3:2 너희는 우리의 편지라. 바울에게 추천서가 굳이 필요하다면 추천서는 따로 있다고 말한다. 고린도 교인들이 바울을 추천하는 편지가 된다.

3:3 너희는 우리로 말미암아 나타난 그리스도의 편지니. 고린도 교인들이 복음을 알고 간직하고 있는 사실이 '그리스도의 (추천의)편지'가 된다. 바울은 사람들의 추천서가 아니라 그리스도의 추천서를 가지고 있다고 주장하고 있다. 고린도 교인들 안에 있는 그리스도로 말미암아 고린도 교인들 자체가 바울을 추천하는 그리스도의 추천서이다. 종이 위에 쓴 추천서보다 사람의 마음에 쓰여 있는 추천서가 훨씬 더 강력하고 실제적이다. 그는 사람들의 인정에 휘둘리지 않았다. 그리스도의 추천서를 가지고 있음을 확신하였기 때문이다.

3:5 스스로 만족할 것이 아니니. '만족'은 '자격 있는' '능력 있는'의 의미를 가지고 있는 단어다. 그가 하나님의 일을 하는데 자격 있는 자로 여기는 것은 스스로의 생각이 아니라 하나님의 인정으로부터 온 것임을 확신하였다. 그래서 그는 사람의 눈치를 보지 않고, 사람의 인정에 목매지도 않고 당당하게 사역의 길을 갈 수 있었다.

3:6 우리를 새 언약의 일꾼 되기에 만족하게 하셨으니. 여기에서 '만족'도 앞의 단어처럼 '자격 있는'이 더 좋은 번역이다. **율법 조문으로 하지 아니하고 오직 영으로 함이니.** 예수 그리스도의 성만찬에서의 선언과 십자가의 죽으심으로 '새언약'이 시작되었다. 그런데도 불구하고 여전히 옛언약에 머물러 있는 사람들이 있었다. 율법의 완성으로서 새언약이 시작된 이후에도 옛언약을 주장하는 사람이 있었다. 그들에 대해 바울은 말한다. **조문은 죽이는 것이요 영은 살리는 것이니라.** 이 당시에 여전히 예루살렘에는 성전이 있었고 그곳에서 제사를 드리고 있었다. 제사 드리는 사람들은 얼마나 영광스럽게 생각하면서 드릴까? 그러나 제사제도는 성취된 율법으로 사문화된 율법이다. 그런데도 불구하고 영광스럽게 생각하고 있었다. 그렇다면 새언약을 말하고 있는 바울의 사역은 얼마나 영광스러울까?

3:8 영의 직분은 더욱 영광이 있지 아니하겠느냐. 바울은 자신이 전하고 있는 새언약이 얼마나 영광스러운지를 말한다. 지금 예루살렘에서 전해지고 있는 옛언약은 사문화된 것임에도 불구하고 화려하게 진행되고 있었다. 그것에 비해 바울은 힘들게 전하고 있었다. 그러나 바울은 예루살렘에서 전해지고 있는 그것에 비해 그의 복음 전파가 훨씬 더 영광스러운 것이라 말한다.

3:9 정죄의 직분도 영광이 있은즉 의의 직분은 영광이 더욱 넘치리라. 성취가 이루어졌음에도 불구하고 성취 전의 과거에 머무는 율법은 '정죄'기능 밖에 없다. 율법이 과거에는 사람을 살리는 기능을 하였지만 성취가 이루어졌음에도 불구하고 받아들이지 않는 사람들에게는 더이상 살리는 기능은 없고 정죄의 기능만 있다. 물론 과거에 살리는 기능을 한 것도 율법을 성취하시는 그리스도를 예표하고 있기 때문에 살리는 기능을 하였다. 이제 율법의 성취 시대를 살아가면서 바울은 자신이 전하는 새언약이 얼마나 영광스러운지를 안다. 그러기에 그것을 전하고 있는 자신도 영광에 참여한 자로서의 영광을 가지고 있음을 알고 있었다.

3:13 장차 없어질 것의 결국을 주목하지 못하게 하려고 수건을 쓴 것 같이 아니하노라. 모세가 시내산에서 하나님의 충만한 임재 가운데 율법을 받고 내려왔을 때 얼굴에서 광채가 났다. 모세는 자신의 얼굴이 광채가 나는 것을 두려워하였다. 그 광채는 없어질 것을 알았기 때문이다. 광채가 중요한 것이 아니라 말씀이 중요한 것이기 때문이다. 광채가 없어지면 광채가 있던 것과 비교되어 또한 문제가 생길 것을 예견하고 사람들이 광채에 집중하지 않도록 얼굴을 가렸다. 바울은 자신들은 '얼굴을 가리지 않는다'라고 말한다. 그리스도께서 충만한 광채로 이 세상에 오셨다. 변화산에서의 변화는 충만한 광채였다. 십자가와 부활은 더욱더 그러하였다. 바울 일행은 그들 안에 계신 성령으로 인해 모세가 하나님의 임재 가운데 빛난 광채보다 더 본질적인 광채가 있었다. 그러나 그 광채는 가리지 않아도 되는 광채다. 겉으로 빛나는 것이

아니기 때문에 오해가 되지 않고 그 광채는 온전히 하나님의 광채였기 때문이다.

3:14 마음이 완고하여 오늘날까지도 구약을 읽을 때에 그 수건이 벗겨지지 아니하고. 바울이 편지를 쓰고 있을 때가 주후 56 년이다. 예수님이 부활하시고 23 년이 지난 시점이다. 그런데 여전히 하나님 나라의 영광과 복음의 영광을 보지 못하고 있는 이들이 훨씬 더 많았다. 율법주의가 하나님의 임재의 영광을 가리고 있었다. 그런데 바울 당시에 유대인들이 구약 성경을 읽으면서도 하나님을 만나지 못하고 마치 구약 성경에 수건을 가리고 있는 것처럼 하나님의 영광을 보지 못하고 있었다.

3:15 수건이 마음을 덮었도다. 유대인들이 '모세의 글(율법서)'을 읽으면서도 하나님을 보지 못하고 있었다. 수건이 마음을 덮어 말씀을 읽으면서도 하나님의 영광을 보지 못하고 있었다. 그래서 그들 안에 하나님의 영광이 거의 보이지 않았다. 찬란한 영광이 비치고 있는데 그것을 보지 못하고 있었다.

3:16 주께로 돌아가면 그 수건이 벗겨지리라. 유대인들이 자신들의 마음을 수건으로 가린 것이 되어 하나님의 영광을 보지 못하고 있었다. 수건이 벗겨지기 위해서는 그들이 진정으로 하나님께 돌아가야 한다. '하나님을 믿는다'하면서 하나님을 믿지 않는 것에서 돌이켜야 한다. 오늘날도 많은 교인이 늘 하나님을 말하면서도 실제로는 하나님의 영광을 보지 못하고 있는 경우가 많은 것 또한 사실이다.

3:17 주는 영이시니. '주는 성령을 말하는 것이니'라는 뜻이다. 성령은 '주의 영'이라고 불리기도 한다. 성령의 인도하심을 알아야 한다. 성령의 인도하심을 알아야 관습에 매인 것에서 '자유'하게 된다. 수건을 벗고 진실을 보게 된다. 영광을 보게 된다.

3:18 수건을 벗은 얼굴로 주의 영광을 보매. 바울은 온전히 하나님의 영광을 바라보고 있다. 찬란한 하나님의 영광이다. 이 세상의 모든 아픔이나 어려움을 상쇄하고도 남는 영광이다. 세상의 어떤 영광을 가지고 있는 것보다 더 큰 영광이다. 하나님의 영광을 보는 것 자체만으로 세상의 모든 것을 가진 것보다 더 큰 무엇이다. **그와 같은 형상으로 변화하여**. 바울이 하나님의 영광을 바라볼 때 그 영광이 고스란히 바울에게 비치었다. 모세가 하나님을 만남으로 인하여 영광이 임하였다. 그래서 얼굴이 광채가 났다. 모세의 광채는 곧 사라졌다. 그런데 바울이 지금 바라보고 있는 광채는 하나님 나라의 완성의 것이며 사라질 광채가 아니라 더욱더 빛날 광채이다. **그와 같은 형상으로 변화하여 영광에서 영광에 이르니**. 하나님의 광채가 바울에게 비추고 바울은 영광으로 빛났다. 영광으로 변화하는 것은 진행형이다. 더욱더 계속 더 큰 영광으로 바뀌고 있다. 신앙의 성숙만큼 영광이 더욱더 빛나는 것이다. 모세에게 빛난 광채는 사그라지는 것이었는데 바울에게 빛나는 광채는 더욱더 빛나는 광채다. 이것은 모세가 하나님을 만나고 임한 광채를 가벼이 여기는 것이 아니다. 바울에게 임한 광채가 더욱더 빛나는 것은 계시의 성격이다. 마치 세례요한이 가장 큰 선지자라고 말하는 것과 같다. 개인이 더 훌륭한 선지자가 아니라 그가 전하는 하나님 나라와 메시야 내용이 위대하다는 것이다. 그것처럼 바울이 모세보다 더 큰 자가 아니라 그가 지금 전하고 있는 하나님 나라와 복음의 위대성에 대해 말하는 것이다.

4 장

4:1 이 직분을 받아 긍휼하심을 입은 대로. 바울은 자신이 하나님의 긍휼하심으로 이 직분을 받았음을 잘 알고 있었다. 자신 같은 죄인이

영광스러운 직분을 받아 영광스러운 복음을 전하고 있으니 어떤 일이 있어도 '낙심'하지 않음을 말한다.

4:3 우리의 복음이 가리었으면 망하는 자들에게 가리어진 것. 복음이 영광스럽지 않아서 사람들이 받아들이지 않는 것이 아니라 그들의 마음과 눈이 가려져서 그 영광을 보지 못하고 있다. 참으로 찬란한 영광인데 모르고 있다.

4:4 세상의 신이 믿지 아니하는 자들의 마음을 혼미하게 하여. 사탄이 사람들의 마음을 가려서 복음의 영광을 보지 못하게 하고 있다. 그러나 하나님의 사람은 그들 안에 있고 그들이 전하고 있는 복음의 영광을 보아야 한다. 핵심은 '영광을 보느냐 보지 못하느냐' 이다.

4:6 빛이 비치라 말씀하셨던 그 하나님께서. 하나님께서 말씀하심으로 빛을 창조하셨다. 세상을 창조하신 하나님께서 바울의 마음에 빛을 비추셨다. 그래서 어둠이 물러가고 복음의 광채로 가득하게 되었다. **그리스도의 얼굴에 있는 하나님의 영광을 아는 빛.** 그리스도는 참으로 하나님이시다. 성자 하나님이 이 땅에 오셨다. 복음을 주셔서 구원하시기 위함이다. 주님의 그 사랑을 아는 것보다 더 위대하고 영광스러운 일이 있을까? 그것보다 더 중요한 지식도 없고 그것보다 더 가치 있는 일도 없다. 그것은 태초에 세상을 창조하시는 것과 같은 영광스러운 일이다. 그 영광스러운 일이 바울에게 일어났다. 그것이 복음을 듣고 깨닫는 자들에게 일어나고 있다.

4:7 이 보배를 질그릇에 가졌으니. '보배'는 얼핏 보면 후반절에 나오는 '하나님'으로 생각할 수 있다. 그러나 '복음(4 절)'을 의미한다. 더 구체적으로는 '그리스도를 아는 지식으로서의 복음'(6 절)을 말한다. '질그릇'은 어떤 형태 든 흙으로 만든 모든 그릇 종류를 다 포괄하는 단어다. 여기에서는 아마 흙으로 만든 등잔을 생각하고 있는 것으로

보인다. 빛을 담는 그릇이다. 질그릇을 말하는 것은 연약함을 말하기 위함이다. 그러나 그가 담고 있는 빛으로 인해 매우 존귀하다.

4:8-9 답답한 일을 당하여도 낙심하지 아니하며. 그는 약하기에 수많은 어려움을 겪고 있었으나 그 어려움이 그를 넘어지게는 하지 못하였다. 그 안에 보배가 있기 때문이다. 보배를 보지 못하는 이들은 이들이 당하는 어려움을 보면서 조롱할 것이다. 그들이 보기에는 바울이 당하는 어려움 속에서 영광의 광채가 전혀 보이지 않는다. 그러나 보배를 아는 바울은 그들의 조롱에도 흔들리지 않았다. 영광도 흔들리지 않았다.

4:10 예수의 죽음을 몸에 짊어짐은 예수의 생명이 또한 나타나게 하려 함이라. 바울이 연약하고 고생하는 것은 오히려 예수님의 죽으심을 닮은 것이며 그래서 예수님의 부활도 경험하게 될 것이다. 그래서 바울은 연약하지만 연약함이 억울함이 되거나 절망이 되지 않았다. 바울은 자신의 연약함이 전혀 문제가 되지 않았다. 아니 오히려 예수 그리스도의 십자가를 경험하는 기회가 되었다. 오늘날 신앙인들 또한 그러하다. 우리의 강함은 우리의 성공에 있는 것이 아니다. 우리의 강함은 우리 안의 복음이다. 오히려 약함이 복음이 된다. 그러니 자신이 질그릇인 것을 괴로워할 이유가 없다. 질그릇을 부끄러워하지 마라. 돈이 없고 건강이 없고 명예가 없다고 부끄러워하지 마라. 우리의 자랑은 질그릇이 아니라 질그릇 안의 보배에 있다. 자신이 아무리 질그릇처럼 연약하여도 자신 안에 복음이 있는지를 잘 살펴보라. 그리스도를 아는 복음이 있다면 기뻐하라. 자랑하라. 광채에 놀라라.

4:13 믿었으므로 또한 말하노라. 사람들은 바울의 모습에서 '어둠'을 보았다. 마음 고생, 육체 고생이 심하였다. 그러나 바울은 자신의 삶에서 '빛'을 보았다. 영광을 보았다. 바울이 그렇게 영광을 보고 있는 것은 '믿음' 때문이다. 사람들에게 믿음이 추상적이다. 믿음이 실제가 아니라 자신이 바라는 것을 소원하는 수준이다. 그러나 바울의 믿음은 매우 실제적이었다. 어떤 고통도 견딜 수 있는 힘이 있었다.

4:14 우리도 다시 살리사. 사람들이 '믿음이 있노라' 하면서도 견딜 수 없는 것은 부활 이후가 아니라 이 세상의 일을 바라기 때문이다. 그러나 바울은 부활 이후를 바라보고 있다. 비록 지금은 환난이 많으나 예수님도 이 땅에서 사실 때 수많은 환난을 당하셨고 십자가에서 죽기까지 하셨다. 그러기에 환난은 문제가 되지 않았다. 진짜 중요한 것은 부활이다. 예수님이 부활하신 것처럼 신앙인도 부활하여 영원한 삶을 살게 될 것이다. 그래서 지금의 환난은 문제가 되지 않았다.

4:15 이 모든 것이 너희를 위함이니. 바울이 고린도 교회 때문에 겪는 마음 고생 몸 고생이 결국 고린도 교인들이 하나님의 은혜를 알게 되는 도구가 될 것이라 믿었다. 그래서 결국 '하나님께 영광'될 것을 믿었다. 그래서 그는 어둠이 아니라 빛을 볼 수 있었다. 비록 지금은 고린도 교인들도 마음 고생하고 있으나 마음 고생하지 않고 은혜를 모르는 것보다 마음 고생을 하더라도 하나님의 은혜를 깨닫는 것이 훨씬 더 낫다. 결국 하나님께 영광이 될 것을 믿었다. 편안히 있으면서 하나님께 영광이 되지 못하는 것보다 힘들어도 하나님께 영광이 된다면 그것이 더욱더 복된 것임을 믿었다. 그래서 바울은 어둠 같은 곳을 통과하고 있지만 그곳이 빛으로 가득하다고 말할 수 있었다.

4:16 낙심하지 아니하노니. 사람들이 보기에 바울은 낙심할 만하다. 그러나 바울은 낙심하지 않았다. 사람들이 보기에는 분명히 낙심할 만한데 왜 바울은 낙심하지 않을까? **우리의 겉사람은 낡아지나 우리의 속사람은 날로 새로워지도다.** 사람들이 보고 있는 것처럼 바울의 겉모습은 낡아지고 있었다. 마음 고생 몸 고생으로 지쳐 있기도 했다. 그러나 사람들이 보지 못하고 있는 것이 있다. 바울의 속사람이다. 바울은 속사람이 새로워지고 있었다. 그 일을 통해 하나님을 알고 예수님을 닮아가고 있었다. 그래서 날마다 새로워지고 있었다. 신앙인이

낙심하는 이유는 겉사람이 낡아지는 것 때문이 아니다. 그의 속사람이 새로워지지 않고 있기 때문이다. 이것을 명심해야 한다.

4:17 잠시 받는 환난의 경한 것. 신앙인이 세상에서 환난을 받는다면 그것도 분명한 현실이다. 환난을 당하면 힘들지 않을 사람이 없다. 그러나 신앙인은 그것만 보면 안 된다. **지극히 크고 영원한 영광의 중한 것을 우리에게 이루게 함이니**. 신앙인은 영원한 가치도 함께 보아야 한다. 지금 잠시 환난을 받는 것이 영원한 가치를 이루는 것이라면 당연히 지금 환난을 기쁨으로 받을 수 있다. 세상에서도 '젊어서 고생은 사서도 한다'고 말한다. 젊어서 고생이 이후에 중요한 자산이 되기 때문이다. 그런데 신앙인은 이 세상에서의 고생이 영원한 세상에서 자산이 된다는 것을 믿는다. 그렇다면 이 세상에서의 고생이 어찌 어둠이겠는가? 빛이다.

4:18 우리가 주목하는 것은 보이는 것이 아니요 보이지 않는 것이니. 이것은 물질적인 것과 영적인 것의 비교가 아니다. 지금 세상의 일과 영원한 세상의 일을 비교한 것이다. 영원한 세상의 일이 지금은 보이지 않지만 그 때는 무엇보다 더 눈에 보이고 확실한 일이다. 신앙인이 복을 말할 때 지금 세상에서의 복을 말하는 경우가 많다. 그것은 유치한 복이다. 믿음이 없는 복이다. 진짜 복을 말하려면 영원한 세상에서 얻게 될 복을 말해야 한다. 그것이 영원한 가치를 가지며 잃어버리지 않고 영원히 소유하게 될 것이기 때문이다. 그것을 주목하면 지금 어둠속에서도 찬란한 영광을 볼 수 있다. 영원한 가치의 일이 믿음이 없는 사람에게는 먼 미래의 일이겠으나 믿음이 있는 사람에게는 현재의 일이다.

5 장

5:1 땅에 있는 우리의 장막 집이 무너지면. 여기에서 '우리의 장막 집'은 무엇을 의미할까? '장막'이라는 단어를 통해 '임시'라는 의미를 가지고 있다. 이 땅에서의 살고 있는 육체를 의미한다. **하늘에 있는 영원한 집.** 장막과 비교되는 단어로 '어엿한 건축물'을 의미한다. 이것은 천국의 맨션을 의미하지 않는다. 이것은 미래의 육체를 의미한다. 부활하여 영원히 살 존재로 바뀐 육체다. **하늘에 있는.** '하늘'은 하나님에 대한 경외의 마음으로 '하나님 대신' 사용할 때가 있으며 또한 하나님 나라에 대한 상징으로 사용되기도 한다. 여기에서는 하나님 나라를 의미한다. 공간적인 하늘이 아니라 이 땅에 주님이 다시 오심으로 사람들이 부활하고 하나님 나라가 완성되는 그 시점의 하나님 나라를 의미한다.

5:2 여기 있어 탄식하며. 우리의 육체는 병들어 있고, 탐욕과 죄에 쉽게 노출되어 있다. 환난과 고통을 당하고 있다. 이 땅의 인생에 얼마나 많은 탄식이 있나? **하늘로부터 오는 우리 처소로 덧입기를 간절히 사모하노라.** 부활한 영원한 몸을 입을 때 이 세상의 수많은 문제들이 다 해결될 것이다. 그러니 그 날을 사모하는 것은 당연하고 당연하다.

5:3 벗은 자들로 발견되지 않으려 함. '벗은 자'는 '육신이 없는 영'을 의미한다. 영지주의자들이 말하는 것처럼 사람이 육체를 입어서 문제인 것이 아니다. 바울은 육체가 없는 영을 원하는 것이 아님을 분명히 밝히고 있다.

5:4 벗고자 함이 아니요 오히려 덧입고자 함이니. 육체를 벗는 것이 아니라 부활한 육체가 되는 것을 원하였다. 육체를 벗어 영이 되는 것이 아니라 부활하여 온전한 사람이 되는 것이 그의 소원이다.

5:6 몸으로 있을 때에는 주와 따로 있는 줄을 아노니. 신앙인이 영원한 집을 사모하는 이유는 주와 거리가 있는 삶의 아픔 때문이다.

5:7 믿음으로 행하고 보는 것으로 행하지 아니함. 이 땅에서의 삶은 주님과의 거리가 '믿음으로 행하는 거리'다. 주님과의 동행은 많은 부분 믿음으로 동행이다. 그러나 영원한 집을 입게 되었을 때는 '보는 것으로 행하게' 될 것이다. 주님을 보면서 주님과 매우 가까이 실제적으로 함께 살게 될 것이다. 이 땅에서 믿음으로 살아갈 때는 종종 고통의 탄식이 있다. 그러나 주님 다시 오신 후 살아갈 때는 기쁨의 예배만이 있을 것이다.

5:8 몸을 떠나 주와 함께 있는 그것. 바울이 원하는 것은 지금이라도 주와 직접적으로 함께 하는 것이다. 지금 떠나면 아직은 부활한 몸이 아니라 영으로만 주님을 만나 뵐 것이다. 그러나 그것도 이 땅에서 육신 안에서 탄식하며 사는 것보다는 더 나을 것이다. 그래서 그것조차도 바울은 더 소원하는 것이라고 말한다. 주님과 동행하는 기쁨 때문이다.

5:9 몸으로 있든지 떠나든지 주를 기쁘시게 하는 자가 되기를 힘쓰노라. 주님과 더욱 친밀한 동행을 원해 '떠나는 것'을 더 선호하였다. 그렇다면 비록 몸이 지금 이곳에 있을지라도 '주를 기쁘시게 하는 자'가 되기 위해 힘쓰는 것은 당연하다. 지금 주를 기쁘시게 하는 자가 되기 위해 힘쓸 때 그가 진정 주님과 동행하기 위해 영원한 집을 사모한다는 것을 증명하는 것이 될 것이다.

5:10 우리가 다 반드시 그리스도의 심판대 앞에 나타나게 되어. 바울은 영원한 집에 대해 막연히 소원만 하지 않았다. 그 소망은 책임이 필요하다는 것을 알았다. 아무리 그것을 소망해도 이 땅에서 책임을 다하지 못하면 그 소망은 이루어지지 못할 것이다. **각각 선악간에 그 몸으로 행한 것을 따라 받으려 함이라.** '몸으로 행한 것'은 지금 이

땅에서 연약한 몸으로 있을 때를 말한다. 연약한 몸이기에 탄식할 때가 종종 있지만 그래도 그 몸으로 있을 때가 중요한 것은 그때 몸으로 행한 것을 따라 영원한 집에서의 영원한 삶을 위한 영원한 상을 받을 것이기 때문이다. 그러기에 '몸으로 행하는 것'은 참으로 중요하고 또 중요하다. 그래서 바울은 몸으로 행하는 이 땅에서의 삶을 더욱더 열심히 살았고 영광으로 알고 살았다.

5:11 주의 두려우심을 알므로. 이 구절은 번역은 안 되었지만 '그러므로'로 시작한다. 앞 구절의 '심판대' 이야기의 연속선에서 이야기한다. 바울은 하나님 앞에 설 때를 생각하였기에 정신을 '확'차렸다. 하나님을 경외할 때 살아야 할 인생의 참 모습에 대해 분명하게 생각하게 된다. 그 마음으로 고린도 교인들에게 권면한다고 말한다.

5:12 외모로 자랑하는 자들에게 대답하게 하려 하는 것이라. 세상에서 사람들이 자랑하는 것들을 보라. 소유와 쓸모없는 것들을 자랑한다. 고린도 교인들이 여전히 그러한 것을 자랑스럽게 생각한다면 그것은 하나님을 모르는 행위다. 여전히 기복주의에 빠져 세상에서 무엇인가를 더 가지고 더 높아지는 것에 관심을 가지고 있다면 그것은 믿음이 없는 것이다.

5:14 한 사람이 모든 사람을 대신하여 죽었은즉. 사람들이 모르는 사이에 매우 놀라운 일이 일어났다. 성자 하나님께서 이 세상에 오시고 사람들을 위해 죽으셨다. 모든 사람을 위해 죽으셨다. 그 놀라운 사실을 알게 된 바울이 말한다. **그리스도의 사랑이 우리를 강권하시는도다.** 우리를 위해 죽으신 그리스도의 사랑을 알게 되면 어찌 그것에 따라 살지 않겠는가? 강권되는 것이 마땅하다.

5:15 다시는 그들 자신을 위하여 살지 않고...다시 살아나신 이를 위하여 살게 하려. 사람들이 자기 자신을 위하여 사는 것을 보라. 어떤 하나라도

도움이 될까? 평생 문제 해결을 위해 살지만 문제는 늘어만 간다. 평생 자기 자신을 살리기 위해 살지만 결국은 죽음에 이른다. 우리가 생명을 얻는 유일한 길은 그리스도의 대속이다. 그래서 자기 자신을 위하는 것이 아니라 그리스도를 위하는 삶을 살아야 한다.

5:16 이제부터는 어떤 사람도 육신을 따라 알지 아니하노라. 육신을 따라 살아가는 삶은 결국 육신을 따라 망할 것이다. 우리는 영원한 집이 있음을 알고 부활하여 영원히 살게 될 것을 따라 살아가야 한다.

5:17 그리스도 안에 있으면 새로운 피조물이라. '새로운 피조물'은 헬라어로는 '새로운 창조'다. 새로운 창조물의 하나로서 한 사람을 지칭하는 것일 수도 있지만 그 사람을 둘러싼 모든 것을 말할 수도 있다. 그리스도의 사랑을 알고 그리스도 안에서 세상을 바라보면 그 사람이 바뀌고 세상 모든 것도 바뀐다. 완전히 새로운 세상이다. **이전 것은 지나갔으니.** 이전에 그리스도를 모르고 있던 때의 모든 것은 의미 없는 것이 된다. 우리의 생각과 감정과 의지와 행동 등이 완전히 바뀌고 세상과의 관계도 완전히 바뀐다. 이전에 값있던 것이 값없는 것이 된다. 세상이 다르게 보인다. 다른 의미를 갖는다. 가치가 완전히 새롭게 된다. **보라 새 것이 되었도다.** 그리스도 안에서 세상을 다시 보면 모든 것이 새롭다. 그 어떤 것보다 더 큰 변화다. 신앙인은 이러한 새로운 세상을 살아가는 사람이다.

5:18 그리스도로 말미암아 우리를 자기와 화목하게 하시고. 그리스도께서 죽기까지 하신 것은 결국 하나님과 우리를 화목하게 하시기 위해 일어난 일이다. 그래야 영원한 삶이 있기 때문이다. 그것이 얼마나 놀라운 일인지를 알기에 바울은 그 일에 '화목하게 하는 직분'을 귀하게 여겼다.

5:20 너희는 하나님과 화목하라. 사람들이 하나님과 화목하는 것이 중요하다. 하나님과 화목하여야 영원한 삶을 살 수 있고 이 세상의 삶이

영원에 잇대어지기 때문이다. 하나님과 화목해야 이 세상의 삶도 새로운 세상이 된다. 지금 자신의 삶이 새로운 세상이 아니라면 하나님과 화목하지 않았기 때문이다.

5:21 죄를 알지도 못하신 이를 우리를 대신하여 죄로 삼으셨다. 이 놀라운 일이 일어난 것은 오직 우리가 하나님과 화목해야 하기 때문이다. 우리의 죄로 하나님과 화목하지 못하기 때문에 예수님께서 대신하여 죽으심으로 우리가 하나님과 화목하게 하셨다.

새로운 세상을 살고 있나? 영원한 삶을 사모하는 사람은 오늘 이 땅에서도 새로운 세상을 살게 된다. 과거의 것은 완전히 지나가고 새로운 영광의 삶을 살게 된다. 신앙을 가졌다고 하면서도 여전히 세상의 것을 자랑하고 세상의 것을 따라 살고 있는 사람들이 많다. 세상과 함께 망할 것이다. 영원한 삶을 사모하는 사람은 오늘 완전히 새로운 세상을 살게 된다. 새로운 생각, 새로운 마음, 새로운 기쁨, 새로운 영광을 가지고 사는 사람들이다.

6 장

6:1 하나님의 은혜를 헛되이 받지 말라. 많은 사람이 하나님의 은혜를 헛되이 받고 있다. 오늘날은 더욱더 그러할 것이다. 하나님의 은혜가 무엇인가? 우리에게 생명을 주시기 위해 독생자의 생명을 주신 것이다. 예수 그리스도께서 성육신 하시고 십자가에서 죽기까지 하셨다. 오직 우리의 생명을 위해서 그렇게 하셨다. 그런데 사람들은 자신의 생명을 위해 그런 놀라운 일이 일어났음에도 불구하고 반응이 없다. 미지근하다. 결국 생명을 알지 못하고 끝난다. 사람들이 은혜를 헛되이 받은 것이다.

6:2 보라 지금은 은혜 받을 만한 때요. '보라'는 강조다. 지금 오늘 우리가 살아가는 이 시대는 은혜를 받아들여야 하는 때다. 지금 그것을 받아들이지 않으면 영원히 놓칠 것이다. 하나님께서 은혜로 주시는 생명을 영원히 놓친다면 얼마나 끔찍한 일일까? 생명을 놓치는 일이 얼마나 끔찍한 지 알고자 한다면 잠시만 영원한 멸망인 지옥에 떨어졌다고 생각해 보라. 사람들이 맞게 될 영원한 멸망이 얼마나 끔찍한 것인지 잘 아시는 주님은 우리를 그곳에서 벗어나도록 하시기 위해 친히 십자가에서 못 박히셨다. 자신이 십자가에서 영육의 모든 끔찍한 일을 당하시는 것이 차라리 이 땅의 사람들이 영원한 멸망을 당하는 것보다 낫기 때문이다. 그렇게 해서라도 우리에게 생명을 주시는 것이 얼마나 더 크고 중요한지를 아셨기 때문이다. 그런데 사람들이 자신들의 영원한 멸망의 끔찍함을 생각하지 않고 지금 은혜를 받을 수 있는 유일한 기회를 가볍게 여기고 있다. 놓치고 있다.

보라, 지금은 구원의 날이로다. 지금 우리가 살고 있는 시대는 종말 시대다. 언제 주님이 다시 오실 지 모른다. 주님 다시 오시면 모든 기회는 끝이다. 그러기에 우리는 지금이 구원의 유일한 기회임을 알고 구원을 얻는 날이 되도록 해야 한다. 빨리 서둘러야 한다. 주님이 언제 오실 지 모른다.

6:3 직분이 비방을 받지 않게 하려고. 하나님의 은혜를 전하는 자신의 사역이 다른 것으로 비방이나 방해되지 않게 하기 위해 '모든 것'을 하였다고 말한다.

6:4-5 많이 견디는 것과 환난과 궁핍과 고난과 매 맞음과 갇힘과 난동. 말로 할 때는 간단하지만 이것 하나하나 엄청난 고난이다. 그런데 이 모든 것을 오직 복음을 위해 견디어 냈다. 구원이 중요하기 때문이다. 구원을 전하는 일이 위대하기 때문이다.

6:8 악한 이름과 아름다운 이름으로. '비난과 칭찬'으로 번역해도 좋다. 대조되는 두 상황에 대한 묘사다. 대조되는 두 이름이다.

6:9 무명한 자 같으나 유명한 자요. 나는 옛날부터 이 구절을 참 좋아했다. 대조되는 두 이름이 계속 나온다. '무명과 유명'을 생각해 보라. 비교되고 있다. 어떤 측면으로는 무명하고 다른 측면으로는 그만큼 유명하다. 이때 어디에 무명하고 어디에 유명한지가 중요하다. 세상 나라에서는 무명하다. 그러나 하나님 나라에서는 유명하다.

6:10 근심하는 자 같으나 항상 기뻐하고. 세상 나라에서는 '근심하는 자'이다. 그러나 하나님 나라 측면에서 보면 '항상 기뻐하는 자'이다. 사람들에게 많이 베풀면 세상 나라 측면에서 보면 '가난한 자'가 된다. 그러나 하나님 나라 관점으로 보면 '많은 사람을 부요하게 하는 부자'가 된다. 세상 나라 관점으로는 '아무 것도 없는 자'다. 그러나 하나님 나라 관점으로 보면 '모든 것을 가진 자'다. 신앙인은 이 두 이름을 가진 사람이다. 세상 나라의 이름 때문에 슬퍼하지 말고 하나님 나라에서의 이름 때문에 행복해하라.

한 이름 즉, 무명하기만 하거나 유명하기만 한 것이 아니다. 두 이름, 즉 무명하고 유명한 것이다. 세상에서 유명하고 하나님 나라에서 무명한 자가 되면 안 된다. 이런 경우는 어떨까? 세상에서도 유명하고 하나님 나라에서도 유명한 자. 세상에서도 부자이고 하나님 나라에서도 부자인 자. 좋다. 그렇게 할 수 있으면 하라. 그러나 아마 힘들 것이다. 부자가 바늘 귀를 통과하는 것처럼 말이다. 그러나 할 수 있으면 하라. 그러나 여기에서 중요한 것은 후자이다. 하나님 나라에서 유명한 자가 되고, 부자가 되는 것이다. 기뻐하는 자가 되는 것이다.

6:14-16 믿지 않는 자와 멍에를 함께 메지 말라. '멍에를 함께 멘다'는 것은 무엇을 의미할까? '믿지 않는 사람과 멍에를 함께 메지 말아야 하는 것'을 설명하기 위해 수사학적인 질문 5 개를 한다. **의와 불법이 어찌 함께 하며 빛과 어둠이 어찌 사귀며.** 의와 불법은 함께 할 수 없다. 빛과 어둠이 함께 있을 수 없는 것과 같다. **그리스도와 벨리알이 어찌**

조화되며. '벨리알'은 사탄을 의미한다. 거룩한 그리스도와 악한 사탄이 어찌 조화를 이룰 수 있겠는가? 그리스도를 믿으면 사탄과 함께 할 수 없다. **하나님의 성전과 우상이 어찌 일치가 되리요.** 하나님의 성전과 우상은 결코 함께 할 수 없음을 강조하여 말한다.

그렇게 함께 할 수 없는 두 이름을 만약 신앙인이 함께 가지고 있다면 어떻게 될까? 거짓이 된다. 만약 누군가 예배를 잘 드리면서 고린도에 있는 이방신전에서 제사도 잘 드린다면 그 사람은 둘 다 잘하는 사람이 아니다. 믿음에 있어 못하는 사람이 된다. 어떤 사람이 교회에 잘 다니면서 회사에 가서 다른 사람에게 사기를 치고 있다면 그 사람은 둘 다 잘하는 것이 아니라 교회를 엉터리로 다니고 있는 것이다. 엉터리인 사람은 회사에서 사기 치고 교회에 와서 회개하면 궁합이 잘 맞는 것처럼 생각할 수 있다. 그러나 그것은 진리에 대한 무지다. 빛과 어둠은 결코 함께 할 수 없다. 어둠이 있다는 것은 빛이 없다는 뜻이다.

'믿지 않는 자와 함께 멍에를 멘다'는 것은 결국 그들의 불법과 우상과 한 배를 탄다는 것을 의미한다. 이것이 그들과 인사도 하지 말라는 말은 아니다. 그들과 동업자가 되지 말라는 말이다. 불법이 있는 일에 동업하지 말라는 말이다. 우리는 세상에서 수많은 믿지 않는 사람을 만나고 함께 장사를 하기도 할 것이다. 그러나 그들의 불법의 이익에 우리의 이익을 기대지 말아야 한다.

6:17 그들 중에서 나와서 따로 있고 부정한 것을 만지지 말라. 이것은 이방 신전에서의 식사와 연회 등을 생각하면서 한 말로 보인다. 당시 출세와 성공을 위해서는 이방신전의 연회에 참석하는 것이 필수였다. 그런데 그곳에서 연회만 하는 것이 아니다. 그곳은 이방 신전이기 때문에 이방신전의 문화가 있다. 우상숭배와 연결되어 있다. 그래서 많은 경우 '사업을 선택하느냐 신앙을 선택하느냐'의 문제로 이어졌다.

이방신전의 연회에 참석하지 않으면 많은 손해를 보게 될 것이다. 그런데도 불구하고 그곳에 참석하지 말라고 말한다. 오늘날 사업이라는 이름으로 부정한 곳에서 부정한 일들이 벌어지기도 한다. 사업 때문에 어쩔 수 없이 참석해야 한다고 말하기도 한다. 그러나 믿음을 위해 사업에 손해가 된다면 그 손해를 기꺼이 받아들여야 한다는 말씀이다. 세상의 부정한 것에 대해서는 단호히 나와야 한다. 이 당시 고린도에서 우상 신전에서의 만찬과 축제에 참석하지 않는다는 것은 주류 사회에서 빠지는 것이며 엄청난 손해를 받았다. 그런데도 불구하고 그곳에서 나오라 말씀한다. 그렇다면 오늘날 사회에서의 부당 거래와 잘못된 관행에서 나오는 것은 더욱더 당연하다.

6:18 너희에게 아버지가 되고 너희는 내게 자녀가 되리라. 세상의 우상과 거짓에서 자신을 깨끗이 할 때 하나님께서 약속하셨다. 하나님의 약속은 세상이 주는 어떤 약속보다 더 크고 위대하다. 하나님의 약속을 믿는 사람은 세상의 약속이 아무리 유혹이 되어도 하나님의 약속을 믿고 따라가야 한다.

7 장

7:1 약속을 가진 우리는 하나님을 두려워하는 가운데서 거룩함을 온전히 이루어. 세상의 약속이 커 보이는 이유는 하나님의 약속을 제대로 알지 못하기 때문이다. 하나님의 약속은 어떤 약속보다 더 크고 위대하다. 그러기에 우리는 하나님의 약속을 가슴에 품고 '거룩'을 이루어 가는 사람이 되어야 한다. 세상의 우상이나 거짓에서 자신을 떼어내어 거룩함을 간직해야 한다.

7:2 마음으로 우리를 영접하라. '마음을 열어라'로 번역할 수 있다. 바울은 고린도 교인들이 자신의 일행을 향해 마음을 열기를 원하였다. **우리는 아무에게도 불의를 행하지 않고...해롭게 하지 않고...속여 빼앗은 일이 없노라.** 바울은 고린도 교인들을 향해 깨끗한 양심을 가졌다.

고린도 교인들에게 온전히 마음을 다하였다. 고린도 교인들의 유익을 구하였다. 그렇게 모든 것을 다하였는데 고린도 교인들의 좁아진 마음을 보면서 안타까움을 느꼈다. 그렇게 모든 마음을 다하였어도 바울을 향하여 오해하는 사람들이 있었다. 이제 오해를 풀고 마음을 열고 서로를 큰 마음으로 받아들이기를 강하게 요청하고 있다.

7:3 이 말을 하는 것은 너희를 정죄하려고 하는 것이 아니라. 사람이 살다 보면 오해가 있다. 바울은 오해하는 이들을 정죄하려고 하는 것이 아니라 말한다. **함께 죽고 함께 살게 하고자 함이라.** 죽으나 사나 헤어지지 않고 함께 하기를 원한다 말한다. 신앙인은 이 마음을 가져야 한다. 상대방이 혹 오해할 수 있다. 참 많은 오해가 있다. 혹 잘못하였을 수도 있다. 사람은 수많은 잘못을 행한다. 그러나 그러한 것 때문에 헤어지는 것이 아니라 그러한 것을 받아주는 열린 마음이 필요하다. 열린 마음으로 함께해야 한다. 신앙인은 영원히 함께 살 사람들이다. 그러니 옹색한 마음을 버리고 열린 마음으로 서로를 받아주어야 한다.

7:5 사방으로 환난을 당하여 밖으로는 다툼이요 안으로는 두려움이었노라. 바울은 마게도냐(데살로니가, 빌립보 등)지역에서도 안팎으로 많은 어려움을 겪었다. 이 세상은 참 많은 어려움이 있다.

7:6 낙심한 자들을 위로하시는 하나님. 하나님께서 낙심한 바울 일행을 위로하셨다. 무엇으로 위로하셨을까? **디도가 옴으로 우리를 위로하셨으니.** 드로아에서 고린도로 편지를 가지고 떠난 디도가 오지 않아서 매우 걱정을 하였었다. 바울은 걱정을 안고 마게도냐로 떠났었다. 그런데 디도가 무사히 돌아와서 만났다. 얼마나 기뻤을까?

7:7 그가 너희에게서 받은 그 위로로 위로하고 너희의 사모함과 애통함과 나를 위하여 열심 있는 것을 우리에게 보고함으로. 디도는 고린도에 '지독한 편지'를 가지고 갔었다. 바울은 편지를 쓰고도 편지의

내용이 엄함으로 가득하기에 걱정을 많이 하였다. 그런데 엄한 편지였음에도 불구하고 고린도 교인들이 잘 받아들여 교회가 평안하게 되었음을 듣게 되었다. 그것이 바울에게 큰 기쁨이 되었다. 고린도 교인이 바울의 마음을 참으로 많이 아프게 하였다. 그런데 이번에는 참으로 기쁘게 하였다. 고린도 교인의 이야기는 바울에게는 하나님의 위로가 되었다. 그렇다. 사람을 가장 아프게 하는 존재가 사람이고 사람을 가장 기쁘게 하는 존재도 사람인 것을 경험할 때가 많다. 사람 때문에 마음이 많이 아플 때 그것으로 끝나지 않도록 해야 한다. 사람에게 상처받고 끝나면 치유가 안 된다.

나를 더욱 기쁘게 하였느니라. 고린도 교인들이 이전에 그에게 아픔을 주던 것보다 이제 그들이 기쁨을 주는 것이 더 크게 되었다. 고린도 교인들과의 문제 해결은 회피가 아니라 마음 회복까지 갔다. 그 과정이 매우 어려웠다. 죽을 만큼 힘들기도 하였다. 그러나 결국 회복하였다. 우리들이 그래야 한다. 사람과의 관계 회복은 참으로 기쁘다. '더욱 큰 기쁨'까지 경험해야 한다. 마음 회복까지 꼭 가라. 그것이 복이다.

7:8 내가 편지로 너희를 근심하게 한 것을 후회하였으나. 고린도 교회가 잘못하고 있는 사람을 치리하지 않은 것에 대해 바울은 단호하고 엄하게 책망하는 편지를 보냈다. 디도 편에 그 편지를 보내고 나서 바울은 많은 고통을 느꼈던 것으로 보인다. '근심'은 오늘 본문에서 아주 여러 번 나오는 단어로 '슬픔' '고통' 등의 의미를 가지고 있다. 바울은 자신의 편지가 고린도 교인들을 아프게 할 것을 알았기 때문에 자신도 아파했다. 그런데 **지금은 후회하지 아니함.** 편지의 결과를 디도가 가지고 돌아왔는데 좋은 결과를 맺었기 때문이다.

7:10 하나님의 뜻대로 하는 근심...세상 근심. 근심의 내용이 아니라 어떻게 대응하느냐에 의해 나뉜다. 만약 고린도 교회가 바울의 편지에 대해 잘못 대응하였다면 그들은 '세상의 고통'이 되었을 것이다. 그래서 바울은 그 결과를 기다리며 고통 가운데 기다렸다. 하나님의 고통과 세상의 고통이 나뉘는 기점은 '구원에 이르는 회개'를 낳는지 아니면

'사망'을 낳는 지이다. 고린도 교회가 잘못하고 있었다. 그때 그들이 바울의 편지에 대해 부정적으로 반응하였다면 결국 사망을 낳았을 것이다. 편지의 내용이 비록 쓰디쓴 약과 같았으나 고린도 교회는 그것을 뱉지 아니하고 받아들임으로 잘못을 바꾸었고 결국 생명의 길을 가게 되었다.

7:11 얼마나 간절하게 하며. 바울이 보낸 편지로 인하여 고린도 교인들이 변하게 된 많은 항목이 나온다. 간절, 변증, (거짓에)분노, 두려움, 사모, 열심 등을 낳았다. 고통이 컸지만 고통이 크기에 더 많이 자신을 돌아보았고 그래서 더 많이 변할 수 있었다. 고통은 어떤 것보다 더 많이 우리를 변화시킨다. 회개하게 한다.

7:12 하나님 앞에서 너희에게 나타나게 하려 함이로다. 고통의 문제가 대두될 때 처음에는 문제가 중요하지만 나중에는 하나님 앞에서의 우리 자신의 모습의 문제가 된다. 어떤 사람이나 문제가 아니라 하나님과 나 사이의 문제가 된다. 그것이 매우 중요하다.

7:14 내가 그에게 너희를 위하여 자랑한 것이 있더라도 부끄럽지 아니하니. 바울이 디도에게 고린도 교인들에 대해 자랑한 것이 있는데 문제가 생겨서 바울의 자랑이 거짓처럼 보이게 되었다. 부끄러운 일이 되었다. 그런데 편지에 대한 고린도 교인들의 바른 반응 때문에 바울이 고린도 교인에 대해 말하였던 것이 거짓이 아니었다는 것을 증명되었다.

7:16 신뢰하게 된 것을 기뻐하노라. 바울은 자신이 고린도 교인들을 이제 조금 더 신뢰하게 되었음을 말하면서 그래서 기쁘다고 말한다. 이러한 문제가 없었다면 몰랐을 것을 더 알게 되었고 그래서 더 신뢰하게 되었으니 감사한 일이었다. 사람은 겉으로 보아서는 잘 모른다. 고통의 일을 겪을 때 조금 더 알게 된다. 바울은 고린도 교인들을 더 잘 알게 되었는데 더 신뢰하게 되었으니 더욱더 감사하다고 말한다. 바울은

기뻤다. 마치 자녀가 학교 시험성적이 좋아서 좋아하는 부모의 마음과 같다.

8 장

8:2 환난의 많은 시련 가운데서...풍성한 연보. 마게도냐 지역의 교회(데살로니가, 빌립보, 베뢰아 등)들이 많은 핍박을 받고 어려움이 있었다. 자신들의 코가 석자이기 때문에 예루살렘 교회를 지원하기 위해 헌금하는 것이 매우 어려울 수 있다. 그러나 그들에게는 '넘치는 기쁨'이 있었다. 믿음이 주는 기쁨이 있었고 따라서 믿음이 가능하게 하는 넘치는 헌금을 하였다. **극심한 가난이 그들의 풍성한 연보를 넘치도록 하였으니라.** 가난 때문에 더 많이 했다는 의미보다는 가난했어도 힘을 다하였다는 의미다. 어떤 면에 있어서는 가난함에도 불구하고 헌금하면 어쩌면 가난한 과부의 헌금 이야기처럼 마음과 비율로 따질 때 '연보를 넘치도록'한 것이 될 것이다.

8:3-4 힘에 지나도록 자원하여...우리에게 간절히 구하니. 자신들이 헌금할 수 있도록 바울 일행에게 오히려 요청하였다. 그들은 헌금하는 것을 의무가 아니라 기회로 여긴 것 같다. 바울이 요청하는 것이 아니라 그들이 바울에게 요청하여 헌금하고자 하였다.

8:6 이미 너희 가운데서 시작하였은즉. 고린도 교회도 이미 헌금하고 있었다. 그런데 문제가 생겨서 헌금 걷히는 것이 제대로 되지 않았던 것으로 보인다.

8:7 이 은혜에도 풍성하게 할지니라. 고린도는 로마 다음으로 가장 큰 도시였다. 부요한 도시였다. 고린도 교회가 '풍성'하게 하여야 예루살렘을 실질적으로 도울 수 있는 헌금이 될 것이다.

8:9 부요하신 이로서 너희를 위하여 가난하게 되심은. 예수님은 하나님으로서 모든 것에 부요하신 분이셨다. 그러나 사람을 위하여 '가난하게' 되셨다. 성육신 하셨고 십자가를 지기까지 가난하셨다. 그러기에 그리스도로 인하여 부요하게 되었음을 아는 신앙인은 그 은혜가 드러나는 곳에 사용될 수 있도록 헌금해야 한다. 그리스도의 가난하게 되심이 본질적인 것처럼 신앙인이 자신의 것을 다른 사람들에게 나눔으로 가난해지는 헌금도 매우 본질적인 것이다.

8:12 있는 대로 받으실 것이요. 이것은 헌금 정신이 '양'에 있는 것이 아니라 마음의 고백으로서 '질'에 있음을 의미한다. 없는 것을 하는 것이라면 힘들겠지만 있는 것을 하는 것이기 때문에 모든 사람이 할 수 있다. 해야 한다. 본질이기 때문이다.

8:13 곤고하게 하려는 것이 아니요 균등하게 하려 함이니. 내가 누군가보다 더 가지고 있다면 은혜다. 그런데 누군가 없어 나누어 준다면 은혜를 나누어 주는 것이다. 믿음으로 나누어 주고 믿음으로 받으면서 더 있는 것과 덜 있는 것이 믿음으로 균등하게 된다. 세상은 빈익빈 부익부가 심화되나 교회는 믿음으로 균등하게 되어 믿음이 드러나야 한다. 그것이 헌금 정신이다.

8:15 광야에서 만나를 거둘 때 이야기다. 사실 사람이 이 땅에서 얻는 모든 것은 은혜로 얻는 것이다. 더 가진 것은 더 주라고 있는 것이다. 더 가졌다고 더 잘난 것이 아니다. 적게 가졌다고 못난 것도 아니다. 세상은 차등이 생기지만 믿음으로 균등정신을 이루어 갈 때 교회는 믿음이 역사하는 곳이 될 것이다. 그런데 헌금이 균등정신이 아니라 욕심의

도구가 된다면 믿음이 사라진다. 오늘날 헌금이 균등정신에 사용되지 못하고 탐욕을 위해 사용되는 것 같아 참 아쉬운 부분이 많다.

8:17 바울은 이 어려운 사역을 위해 가장 먼저 '디도'를 추천하며 보냈다. 디도는 고린도 교회에서 이제 돌아왔다. 그는 여행의 위험을 무릅쓰고 먼 길을 다녀왔다. 그런데 오자마자 다시 고린도 교회에 가도록 권함을 받았다. **간절함으로 자원하여 너희에게 나아갔고**. 디도는 마지못해 하는 마음이 아니라 열정을 가지고 그 일에 자원하며 나섰다.

8:18 **복음으로써 모든 교회에서 칭찬을 받는 자요**. 두 번째 사람에 대한 설명이다. 복음을 위해 섬기고 선포하는 일 등 복음을 위한 일에 열심을 내어 교회에서 칭찬을 듣는 사람이었다.

8:19 **주의 영광과 우리의 원을 나타내기 위하여 여러 교회의 택함을 받아**. 이름이 나오지 않았지만 이 사역자는 여러 교회에서 추천된 것으로 보인다. 그는 하나님의 영광을 위하여 그리고 복음 전파의 일을 위해 일을 하고 있는 사람이었다.

8:20 **거액의 연보에 대하여 아무도 우리를 비방하지 못하게 하려 함이니**. 헌금은 신뢰가 중요하다. 헌금하는 사람이 어렵게 헌금하는데 그것이 하나님께 영광이 되는 좋은 곳에 사용되지 못하고 개인의 유익을 위해 사용된다면 헌금하는 사람까지도 문제가 된다. 그러기에 헌금 사용에 대해서는 조심함이 필요하다.

8:22 **그가 여러 가지 일에 간절한 것을 여러 번 확인하였거니와**. 헌금사역자로 세움을 받은 세 번째 사람이 나온다. 디도의 경우도 '간절함'이라는 특성이 있었다. 세 번째 사람도 그러하였다. 그는 교회와 하나님 나라를 위해 열정이 있었다. 자신의 사리사욕에 열심인 사람이 아니라 하나님 나라에 열심인 사람이었다.

8:24 너희는 여러 교회 앞에서 너희의 사랑을...그들에게 보이라. 헌금은 결국 사랑이다. 힘들지만 사랑하기에 하는 것이다. 사랑하는 것이기에 기쁨으로 하는 것이다. 그런데 그것을 잘못 사용한다면 그 죄가 참으로 크다. 헌금을 하는 사람도 사용하는 사람도 그것을 명심해야 한다.

헌금을 걷고 전하는 일에 믿을 만한 사람이 일하도록 사람을 추천하는 것을 보았다. 거짓된 사람에게 헌금을 맡기면 안 된다. 하나님 앞과 사람 앞에서 칭찬을 받으며 오직 하나님 나라를 위해 열심인 사람이어야 한다. 사람이 바르면 헌금이 바르게 사용될 것이요 사람이 바르지 못하면 헌금이 헛되게 될 것이다. 그래서 사람이 중요하다.

9 장

9:2 마게도냐인들에게 아가야에서는 일 년 전부터 준비하였다는 것을 자랑하였는데. 바울은 일 년 전에 고린도 교회(아가야 지역)에 헌금할 것을 이야기하였고 준비하고 있었다. 그것을 마게도냐 지역 교회에 말하여 마게도냐 사람들이 더욱 헌금할 수 있는 계기가 되었음을 말한다.

9:3 이 일에 너희를 위한 우리의 자랑이 헛되지 않고. 마게도냐 교회가 고린도 교회의 모범 때문에 더욱 헌금할 수 있었는데 처음 시작했던 고린도 교회가 지금은 조금 뒤처져 있었다. 만약 고린도 교회가 준비되어 있지 않으면 마게도냐 사람들이 보기에 민망한 상황이 연출될 것이다. 그래서 바울은 사람을 미리 보내 고린도 교회가 헌금을 준비할 수 있도록 하고 있다.

9:5 준비하여야 참 연보답고 억지가 아니니라. 헌금을 채우기 위해 준비하는 것이 필요한 이유는 그것이 중요하고 큰 액수이기 때문이기도 하지만 또 다른 이유도 있었다. 갑자기 큰 액수를 헌금하려 할 때 준비가

없으면 억지가 될 수 있다. 준비하여야 우러나오는 마음으로 할 수 있다. 지금 당장 생활에 펑크가 나는 일이면 사람들이 헌금하기 싫을 것이다. 그래서 헌금하더라도 자발적인 것이 되지 못할 것이다. 그러나 조금씩 준비하면 감당할 수 있기 때문에 더욱 자발적인 마음으로 할 수 있다. 그래서 준비하라고 말한다.

9:6 적게 심는 자는 적게 거두고 많이 심는 자는 많이 거둔다. 농작물을 심는 것으로 비유하여 설명한다. 당장은 심는 것이 힘들어도 많이 거두고 싶은 사람은 많이 심어야 한다. 많이 심어야만 많이 거둘 수 있다. 헌금이라는 것은 '심는 것'에 해당한다. 헌금하는 것이 당장은 없어지는 것이다. 없어지는 것을 좋아할 사람은 없다. 그러나 그것이 심는 것이어서 이후에 거두게 된다는 것을 안다면 더욱 열심히 심을 것이다. **적게 심은 자는 적게 거두고 많이 심는 자는 많이 거둔다.** 이것은 정확히 맞는 말이다. 모든 농사가 그러하다. 그런데 씨를 뿌릴 때 엉터리로 뿌리면 안 되듯이 헌금할 때 엉터리 마음으로 하면 안 된다. 마치 장사하듯 '더 많은 헌금을 하면 하나님께서 복을 주셔서 더 부자가 된다'고 생각하면 안 된다. 많이 거둔다는 것은 이 세상에서의 것까지 포함하지만 가장 큰 것은 영원한 나라의 측면이다. 분명한 것은 많이 심으면 많이 거둔다는 사실이다. 이것이 절대액수를 말하는 것은 아니다. 가난한 과부 이야기를 우리는 잘 안다. 그러니 액수에 급급하지 말고 자신에게 주어진 능력 안에서 많이 뿌리면 많이 거눔을 알고 열심히 해야 한다.

9:7 인색함이나 억지로 하지 말지니 하나님은 즐겨 내는 자를 사랑하시느니라. 농부가 씨를 심을 때 억지로 하지 않는다. 즐거움으로 한다. 씨를 심으면 많이 거둘 것이기 때문이다. 그것처럼 헌금은 즐겁게 해야 한다. 씨를 심는 마음으로 말이다.

9:8 모든 은혜를 너희에게 넘치게 하시나니. 헌금하는 것은 하나님의 일을 하는 것이다. 그래서 하나님의 일을 잘 할 수 있도록 '하나님께서 채워주신다'는 말씀이다. **모든 것이 넉넉하여 모든 착한 일을 넘치게 하게 하려 하심이라.** 헌금하니 또 주시는 것이다. 헌금하지 않는 사람은 하나님 나라의 일을 하지 않으니 주실 필요가 없는 것이요 헌금하는 사람에게는 하나님의 나라 일이 되도록 하기 위해 또 주시는 것이다. 그래서 헌금하지 않는 사람은 헌금을 안 했는데도 가난하고, 헌금하는 사람은 헌금하였는데도 또한 여전히 풍부하다.

9:9 가난한 자들에게 주었으니 그의 의가 영원토록 있느니라. '헌금'이 그의 '영원한 의'가 된다고 말씀한다. 이 땅에서 하나님의 백성으로 하나님의 일을 하는 것은 결코 없어지지 않는다. 가치가 영원토록 빛난다. 헌금 또한 그러하다. 사람들은 돈을 자신이 가지고 있어야 빛나는 줄 아는데 사실은 하나님 나라를 위해 헌금할 때 영원토록 빛난다. 돈이라는 것은 본래 모두 하나님의 것이다. 하나님의 것으로 헌금하였는데 하나님께서 그것을 영원토록 '그의 의'로 빛나게 해 주신다고 말씀한다. 이것보다 더 놀라운 일이 어디 있겠는가? 이것을 알면서도 헌금하지 않을 수 있을까? 그런데도 사람들이 죽으면서도 헌금하지 않고 죽는다. 자식에게 준다. 진짜 놀라운 일이다. 몇 분 후에 죽으면 하나님 앞에 가서 매우 놀랄 것이다.

9:10 심을 것을 주사 풍성하게 하시고. 헌금을 '심는 자'에 비유하고 있다. 헌금하는 사람에게 더욱더 헌금할 수 있는(심을 수 있는) 것을 주시고 또한 더욱 풍성하게 주신다고 말씀한다. 그래서 헌금함으로 맺는 의의 열매를 '더하게' 하신다고 말씀한다. 선한 일을 격려하는 것처럼 헌금을 격려하여 더 채워져서 더 헌금하게 하신다는 말씀이다.

9:13 이 직무로 증거를 삼아 너희가 그리스도의 복음을 진실히 믿고 복종하는 것. '이 직무'는 고린도 교인들의 헌금을 말한다. 의무요

권리로서 헌금하는 그 섬김을 통해 고린도 교인들이 '복음을 진실히 믿고 복종하는 것' 즉 믿음을 증명하는 증거가 된다고 말한다.

헌금은 믿음의 증거다. 믿음을 생각해 보라. 믿음은 '낮아지는 것'이 핵심이다. 자기 자신의 주인 자리에 있는 자기를 내려놓고 예수님을 주인으로 받아들이는 것이 믿음이다. 돈은 나를 높여준다. 돈이 있어야 어디에서 든 대우받고 인정받는다. 그런데 그 돈을 다른 교회를 위해 헌금하면 나에게 돈이 적어지는 것이며 돈이 없는 만큼 낮아지는 것이다. 내가 주인이면 결코 할 수 없다. 그것은 나의 주인됨에서 예수님의 주인됨으로 바뀌는 것이며 믿음의 증거가 된다. 고린도 교인들이 헌금한다는 것은 그들이 믿음을 가졌다는 증거다.

너희의 후한 연보로 말미암아 하나님께 영광을 돌리고. 이들의 헌금은 하나님께 드리는 것이고 그것으로 예루살렘 교회를 돕게 된다. 헌금으로 도움을 입은 예루살렘 교회는 그 일로 인하여 '하나님께 영광'을 돌릴 것이다. 하나님의 은혜요 하나님의 돌보심으로 채워진 것이라고 고백하게 될 것이다. 헌금이 하나님의 손길이 된다. 우리의 모든 소원이요 목적인 하나님께 영광이 되는 곳에 사용된다. 그래서 헌금은 참으로 귀하다. 세상에서는 착한 곳에 돈을 사용하는 사람이 있다. 가난한 이들을 돕고, 장학금을 주고, 장애인들을 돕는 일 등은 매우 좋은 일이다. 그런 일을 하여 개인이 칭찬을 듣는 것은 좋은 일이다. 그러나 헌금으로 사용되는 일에는 개인이 아니라 하나님을 찬양한다. 개인은 자신의 이름이 드리니지 않아서 서운할 수 있을지 모르지만 드러나지 않는 것이 좋은 것이다. 헌금은 낮아짐이 기본 정신이라 하였다. 우리는 낮아지고 하나님이 높아질 때 제대로 된 헌금이 된다. 그리고 헌금한 사람에게 진정한 복이 된다.

9:14 그들이 너희를 위하여 간구하며. 예루살렘 교회가 고린도 교회를 비롯한 마게도냐 지역 교회의 도움을 받게 되었을 때 그들은 얼마나 감사했을까? 먼저는 하나님께 감사하지만 또한 그들이 기도할 때마다 하나님의 손길이 되어 도움을 준 이 교회들을 생각하며 기도할 것이라 말한다. 예루살렘 교회는 유대인 교회다. 고린도 교회는 이방인 교회다.

이방인 교회가 유대인 교회를 도움으로 유대인과 이방인이 하나가 되는 길이 더 활짝 열릴 것이다. 서로 형제라는 의식을 더욱 갖게 될 것이다. 어쩌면 예루살렘의 기근은 바로 이것을 위해 하나님께서 주신 기근일 수도 있다. 여하튼 이 헌금으로 그들은 복음 안에서 더욱 하나가 되었을 것이다. 이것이 없었으면 어쩌면 그들이 여전히 고압적인 자세를 가졌을 수도 있다. 그러나 서로 도움으로 그들은 하나가 되었다. 복음 안에서 마땅한 하나됨이다.

9:15 말할 수 없는 그의 은사. 헌금에 대한 바울의 마지막 말이다. 헌금에 대해 생각하면서 바울은 크게 감동한 것으로 보인다. '말할 수 없는'는 아마 바울이 만들어 낸 말 같다. 신조어다. 이전에 다른 문헌에서 이 단어가 사용된 적이 없다. 성경에서도 이곳에 딱 한 번 사용한 단어다. 말로 표현할 수 없는 감동적인 상황을 말하기 위해 사용한 단어다.

'은사'는 '선물'을 의미한다. 말로 표현할 수 없는 선물에 대해 하나님께 감사하는 것이다. 그렇다면 여기에서 '말로 표현할 수 없는 선물'은 대체 무엇을 의미할까? 너무 크게 말하고 있어서 이 선물이 '그리스도'를 의미하는 것이 아닐까라고 생각하기도 한다. 가능성이 있다. 가장 큰 선물은 그리스도이기 때문이다. 그런데 왜 헌금에 대해 이야기하며 이것으로 마무리를 하고 있는 것일까? 이 선물은 '헌금'을 의미할 수도 있다. '헌금하는 마음'을 의미할 수도 있다. 헌금할 수 있는 돈을 주시고 마음을 주셔서 결국 그것을 드려 누군가에게 도움이 되고 하나님께 영광이 되는 모든 과정을 생각하며 참으로 놀라워하며 감동하고 있는 것일 수 있다.

단지 돈이다. 그런데 그것이 헌금으로 드려지고 그것이 하나님의 손길이라는 이름표를 달고 움직이면서 이룰 열매를 생각하면 놀랍다. 헌금하는 사람과 헌금이 사용되는 곳에서 하나님께 영광이 된다. 그래서 헌금할 씨앗을 주시고 그 씨앗이 엄청난 열매를 맺는 것을 보면서 하나님께 감사하고 있는 것이다.

바울은 예루살렘 교회를 돕기 위한 고린도 교회의 헌금을 생각하면서 마지막으로 큰 감동에 젖었다. 생각하면 생각할수록 놀라운 일이다. 어떤 사람들은 헌금을 생각하면 머리가 지근지근 하다. 더 많은 헌금을 내게 하려는 악한 수단이 동원되고 헌금을 내야 하는 부담감에 어찌할지 모르기도 한다. 나는 초등학교 시절 주로 50 원을 헌금하였는데 공과 시간에 그것을 내야 출석체크처럼 체크를 했다. 돈이 없어 그것을 내지 못할 때 얼마나 부끄러웠는지 모른다. 지금 생각해 보면 좋지 않은 헌금 방법이다. 헌금의 현장이 타락하여 있기 때문에 헌금을 잘못 걷고 잘못 내고 잘못 사용되는 경우가 많다. 헌금하였을 때 오늘 본문 마지막 구절처럼 그렇게 감동하며 하나님께 감사함이 결론이 되어야 할텐데 그렇지 못한 현실을 많이 본다. 이때 우리는 헌금하는 것을 그칠 것이 아니라 잘못된 것을 고쳐야 한다. 하나님은 가난한 분이 아니다. 헌금을 억지로 걷거나 내지 말아야 한다. 하나님은 부유한 분이다. 헌금하는 사람은 생색내지 말고 오직 하나님께 영광이 되는 헌금이 되어야 한다. 모든 사람을 죽이는 헌금이 아니라 모든 사람을 살리는 헌금이 되어야 한다.

10 장

10:1 대면하면 유순하고 떠나 있으면...담대한. 비판자들은 바울을 두고 '편지로 말할 때는 매우 강하지만 실제로 만났을 때는 약하다'고 하였다. 그래서 바울의 본 모습은 만났을 때의 모습인 '약함'이라고 주장하였다. 그러나 그것은 바울이 '온유와 관용'으로 그들을 대하였기 때문임을 말한다. 바울을 비방하는 이들은 바울의 온유함을 약함으로 판단한 것이다.

10:2 우리를 육신에 따라 행하는 자로 여기는 자들. 이것은 바울의 모습이 특별한 것이 아니라 보통 사람과 같다는 의미다. 바울이 어떤 신비한 기적을 행하는 것도 아니고 말을 아주 특별하게 잘 하는 것도 아니어서 그들이 보기에는 그냥 평범한 일반 사람들에 불과하다고 평가하는 것이다. 바울의 진면목을 모르는 것이다.

10:4 우리의 싸우는 무기는 육신에 속한 것이 아니요. 바울이 말하는 복음은 겉으로 화려한 말기술이나 세상의 힘을 가지고 있는 것이 아니다. 그것은 세상적인 화려함이 아니다. **어떤 견고한 진도 무너뜨리는 하나님의 능력이라.** 바울이 전하는 복음은 하나님의 능력이다. 하나님의 능력은 사람들에게 잘 보이기 위해 무엇을 더 꾸며야 하는 것이 아니다. 누가 뭐라 해도 하나님의 능력은 홀로 빛난다. 바울은 하나님의 복음을 전하고 있다. 그것은 무엇으로 꾸며서가 아니라 그 자체로 빛나는 복음이다.

주변에서 자주 듣는 푸념이 있다. 열심히 믿음으로 살고자 하는 사람들은 힘들게 살고 거짓되게 사는 사람은 잘 사는 경우가 많다는 말이다. 그러나 그것은 어리석은 말이다. 그 말 자체가 세상적인 관점으로 보고 있는 말이다. 바울을 보라. 바울은 매우 힘든 삶을 살고 있었다. 게다가 사람들 보기에 영적으로도 강해 보이지 않았다. 그러나 실제로는 어떤가? 당시에 어떤 화려한 말 기술이나 재산이나 기적을 행하는 사람보다 더 잘 살고 있었다. 하나님의 능력으로 살고 있었다. 그가 전한 말씀이 오늘날 우리들에게 세세하게 하나님의 말씀으로 전해지고 있다. 그가 진정 강하였다. 그러니 오늘날 우리들의 모습을 세상적인 관점으로 평가하지 말아야 한다. 바울처럼 비록 '육신(세상)에 속한 것'으로는 보잘 것 없어도 하나님의 능력으로 살고 있는 사람이 되어야 한다.

10:7 너희는 외모만 보는도다. 세상 사람들처럼 외모만 보고 평가하기 때문에 옳은 평가를 하지 못하였다. 자신들이 진정 기독교인이라면 바울의 모습에서 기독교인의 모습을 발견할 수 있어야 한다. 당당한 기독교인의 모습이다. 바울은 그렇게 당당하였다. 진짜는 진짜가

알아본다. 같은 부류이기 때문이다. 세상의 가짜가 우리를 알아봐 주지 않아도 그것에 실망할 필요 없다. 그들은 가짜이기 때문에 알아보지 못하는 것일 뿐이다. 하나님은 알아봐 주신다. 그러기에 신앙인은 세상이 주는 힘을 부러워할 것이 아니라 하나님이 주시는 힘으로 당당하게 살아야 한다.

10:8 주께서 주신 권세는 너희를 무너뜨리려고 하는 것이 아니요. 바울을 직접 만났을 때 그가 강한 힘으로 힘을 멋대로 부리는 모습이 아니어서 그들은 기고만장했다. 그러나 그렇게 힘을 휘두르는 카리스마를 발휘하지 않은 것은 하나님의 권세로 행동하기 때문임을 말하고 있다. 하나님은 무너뜨리는 것을 기뻐하시지 않기 때문이다. **세우려고 하신 것이니.** 이것을 우리가 잘 기억했으면 한다. 하나님은 사람들을 세우는 것을 원하신다. 힘을 가진 사람이 그 힘으로 무너지게 하는 권위도 받은 줄로 착각하는 경우가 많다. 그러나 힘은 '세우라'고 주어지는 것이다. 어떤 단체이든 마찬가지다. 동아리 회장조차도 회장이 된 것은 동아리를 깨트리라고 주어진 것이 아니라 세우라고 주어진 것이다. 세울 권세는 있어도 깨트릴 권세는 없는 것이다. 자신이 가진 것이 하나님께서 주신 힘이라고 믿는 사람은 이것을 명심해야 한다.

10:11 편지들로 말하는 것과 함께 있을 때에 행하는 일이 같은 것임을 알지라. 바울은 같은 마음으로 전하고 있다. 그러나 세상은 끝까지 세상의 관점으로 평가할 것이다. 신앙인이 가지고 있는 하나님의 힘과 하나님의 권세에 대해 이해하지 못할 것이다. 문제는 교회 안에서도 세상적인 관점으로 평가하는 경향이 있다는 것이다. 그러나 그래도 아랑곳하지 말아야 한다. 신앙인은 어차피 사람을 보고 사는 것이 아니라 하나님을 보며 사는 사람이다. 진짜를 가진 사람이다.

10:12 우리는 자기를 칭찬하는 어떤 자와 더불어 감히 짝하며 비교할 수 없노라. 그들이 자랑하는 것은 바울이 자랑하는 것과 완전히 달랐다.

'자기를 칭찬하는 자'가 있다고 말한다. 그들은 거짓 선생들이었다. 그들이 자랑하는 것은 결국 세상적인 관점으로서 세상 사람들이 자랑하는 것과 같다. 그들은 자랑할 때 기준이 자신의 생각이었다. 자신들이 좋아하는 것을 더 이루었는지 그렇지 않는지를 기준으로 삼았다. 세상에서의 화려함을 자랑하였다. 오늘날 목회자들이 돈 많은 것 자랑하고 교회 큰 것 자랑한다면 같은 부류이다.

10:13 하나님이 우리에게 나누어 주신 그 범위의 한계를 따라 하노니. 당당함은 중요하다. 그러나 그것이 바른 근거와 분수를 알아야 한다. '범위'로 번역한 단어(카논)는 15 절과 16 절에서는 '규범'으로 번역한 단어다. 이 단어는 규범, (측량하는)자, 특정 지리의 영역, 행동 규범 등의 의미를 가진 단어다. 오늘 본문에서는 '특정 지리 영역'으로 해석하는 것이 좋다. 바울은 복음을 전하는 일에 있어 하나님의 소명을 따라 움직였다. 지역을 정할 때도 이익을 따라 움직인 것이 아니었다. 그런데 바울이 터를 잡고 복음을 전하여 다 이루어진 곳에 슬그머니 들어와서 자신들의 이익을 채우려는 거짓 교사들이 있었던 것 같다. 그들은 복음을 위하여 들어온 것이 아니라 이익을 위하여 들어왔으며 자신들의 영역을 넘어 바울의 사역의 장을 침범하였다.

10:15 오직 너희 믿음이 자랄수록 우리의 규범을 따라 너희 가운데서 더욱 풍성하여지기를 바라노라. 바울은 자신이 지금 복음을 전하는 지역인 고린도에서 사람들의 믿음이 자라가고 그것이 원심력이 되어 다른 곳에까지 복음이 전해지를 바라고 있다. 고린도 교회가 편안하고 경제적 이익이 되기 때문이 아니라 오직 복음 때문에 관심을 가지고 있었다. 그들 안에 복음이 자라가는 것이 자랑이었다.

10:16 남의 규범으로 이루어 놓은 것으로 자랑하지 아니하고. 바울은 바울의 복음 사역 구역 안으로 슬그머니 들어와서 숟가락만 얹고 자신들이 대단한 것을 이룬 것처럼 자랑하는 거짓 선생에 대해 책망한다. **너희 지역을 넘어 복음을 전하려 함이라.** 거짓 선생들은 이미 복음이

세워진 고린도 교회에 와서 생색내고 있지만 바울은 벌써 복음이 전해지지 않은 다른 지역을 마음에 품고 있었다. 밥그릇 싸움이 아니라 복음 전파를 위해 열린 광활한 세상을 향해 나갔다. 하나님께서 보시기에 밥그릇 싸움하고 있는 거짓 선생을 칭찬하실까?

10:17 주 안에서 자랑할지니라. 이것은 예레미야 9:24 절을 인용한 것으로 고전 1:31 에 이어 여기에서 또 말하고 있다. 바울의 마음에 매우 강하게 자리잡은 말씀임을 알 수 있다. 이것은 '주를 아는 것을 자랑하고, 주의 행하심을 깨달은 것을 자랑하는 것이며 주가 드러나는 자랑'이다. 하나님을 아는 것이 참으로 크고 위대한 일이다. 세상에서 편하고 사람들이 인정하는 화려한 것을 가지는 것이 중요한 것이 아니라 아주 조금이라도 하나님을 더 아는 것이 위대하다. 자랑스러운 일이다. 신앙인은 그것을 자랑해야 한다. 그렇게 하나님을 더 아는 것을 기뻐할 때 또한 하나님께서 그를 칭찬하실 것이다. 그가 하나님을 기뻐하니 또한 하나님께서 그를 기뻐하시는 것이다.

10:18 옳다 인정함을 받는 자는 자기를 칭찬하는 자가 아니요. 자기가 자기를 칭찬하고 자랑하는 것은 필요하다. 그러나 그것이 주께서 칭찬하시는 것과 별개로 따로 움직이는 것이라면 그것은 결코 칭찬받을 일이 아니다. 자기 자신이 편안하여 스스로 기뻐하는 것일 뿐 옳은 사리라서 당당한 것이 아니다. 그것은 회려하나 피폐한 모습이다. 오늘날 신앙인들도 스스로는 화려하나 하나님께서 보시기에 피폐하지는 않은 지 조심하고 또 조심해야 한다.
진정으로 옳은 사람은, 진정으로 자랑스러운 사람은 자기 자신을 편안하게 하고 스스로를 칭찬하는 사람이 아니라 그리스도를 위하여 복음을 위하여 애쓰고 그리스도를 아는 것을 기뻐하는 사람이다. 자기 자신이 아니라 그리스도에 초점을 맞춘 사람이다.

11 장

11:2 내가 하나님의 열심으로 너희를 위하여 열심을 내노니. '열심'은 '시기' '질투'의 의미이다. 하나님께서 이스라엘 백성을 위하여 '질투하시는 하나님'이라고 말씀하셨다. 이스라엘 백성이 우상을 사랑하면 그것이 죽음의 길이기 때문에 하나님께서 이스라엘 백성을 위해 질투하신다. 바울은 하나님의 질투처럼 고린도 교회를 위해 질투하였다. 그들이 거짓 선생에 의해 잘못된 길로 가지 않도록 하기 위함이다. **정결한 처녀로 한 남편인 그리스도께 드리려고 중매함이로다.** '중매함이로다'는 '약혼시키다'이다. 이스라엘의 결혼은 '약혼과 결혼'이라는 2 단계를 거친다. 이것은 우리와 비슷할 수도 있는데 '약혼'의 개념이 우리와 많이 다르다. 약혼을 하면 함께 살지는 않지만 법적으로는 '결혼'의 효력이 있다. 바울은 하나님을 믿기로 한 이들을 약혼한 사람으로 그리고 그들이 끝까지 믿음을 지킨 사람을 정결한 상태로 결혼에 이르게 된 사람으로 비유적으로 설명한다. 바울은 고린도 교인들을 한 남편인 그리스도께 약혼시켰다. 그리고 이제 결혼(주님 재림하셔서 우리가 영화될 때)까지 그들을 정결하게 유지시켜야 할 책임이 있다.

11:4 다른 예수...다른 영...다른 복음. 십자가의 예수가 아니라 다른 슈퍼스타 예수를 전하고, 거룩하게 하고 사랑하게 하시는 성령이 아니라 기적을 행하는 다른 성령을 전하고, 천국 복음이 아니라 세상 복음이라는 다른 복음을 전하는 거짓 선생을 고린도 교인들이 용납하고 있음을 책망하였다. 오늘날도 다른 예수, 다른 영, 다른 복음이 난무하다. 교회역사를 보면 늘 기복주의라는 화려한 이름의 다른 복음이 있음을 볼 수 있다. 사람들은 그러한 다른 예수, 다른 영, 다른 복음을 더 좋아하는 경향이 있다. 그러나 그러한 것은 '다른'것으로서 거짓이다.

11:5 지극히 크다는 사도. 거짓 선생들에 대한 풍자적 표현이거나 거짓 선생들이 바울을 공격하기 위해 가져다 사용하는 12 사도들의 권위에 대해 말하는 것일 수도 있다. 어떤 경우이든 바울은 그러한 것에 꿀릴 것이 없다고 말하고 있다.

11:6 내가 비록 말에는 부족하나 지식에는 그렇지 아니하니. 바울이 말을 객관적으로 못하였다는 증거는 없다. 그러나 그는 중요하지 않은 '말'이라는 측면에 대해서는 '부족하나'라고 인정한다. 그러나 중요한 측면인 '지식'에 있어서는 결코 그렇지 않음을 말한다. 그가 전하는 예수, 영, 복음은 결코 부족한 것이 없으며 오직 하나님께서 그를 통해 전하시는 것임을 분명히 하고 있다. 지식에 있어서는 양보할 수 없었다. 그것은 하나님께서 세우신 진리이기 때문이다. 그가 전하고 있는 것은 성경이었다. 그러니 결코 양보할 수 없었다.

11:7 하나님의 복음을 값없이 전함으로 죄를 지었으냐. 거짓 선생들은 바울이 고린도 교회에서 돈을 받지 않은 것을 공격하였다. 사도의 자격이 없기 때문에 돈을 받지 않은 것이라는 말을 하기도 하고 이상한 말들을 만들어 냈다. 상식적으로 생각할 때 복음을 값없이 전한 것이 어찌 죄가 되겠는가? 어느 누가 돈을 싫어하겠는가? 돈을 받지 않은 것이 죄가 될 수는 없다. 그런데 거짓 선생들은 괴변으로 돈을 받지 않은 것을 죄로 몰아붙였다.

11:8 여러 교회에서 비용을 받은 것은 탈취한 것이라. 바울이 고린도 교회에서의 목회활동을 위해 마게도냐 교회에서 지원을 받았다. 그런데 그것은 그들이 돈이 많아서 지원하는 것이 아니다. 그것을 '탈취한 것'이다고 말한다. 매우 강력한 어감이다. 이것은 바울편에서의 탈취가 아니라 그것을 제공하는 사람편에서의 탈취를 의미한다. 강도에게 모든 것을 빼앗긴 사람처럼 없는 중에서도 자신의 것을 탈탈 털어서 지원한 것이다. 그러한 지원이 결코 그렇게 쉽게 된 것이 아님을 말하는 것이다. 바울은 앞에서 '자신을 낮추었다'고 말하였다. 그것은 자신이 직접

일하였다는 것을 의미한다. 사람들이 무시하는 일을 하면서 일하였다. 그렇게 어렵게 목회활동비를 마련하고 있었음을 말한다. 돈은 참 어려운 것이다.

11:11 어떠한 까닭이냐. 바울이 그렇게 고생하면서도 고린도 교회에서 사례비를 받지 않은 유일한 이유는 '내가 너희를 사랑하지 아니함'이 아니라 '사랑함' 때문이다. '하나님이 아시느니라'고 말한다. 고린도 교인들이 돈 때문에 순수한 복음을 받아들이는데 방해가 될까 봐 바울은 모든 수고와 역경을 겪으면서도 사례비를 받지 않은 것이다.

11:12 내가 해 온 그대로 앞으로도 하리니. 사람들은 '이제는 사례비를 받으십시오'라고 말하는 사람들도 있었다. 그러나 바울은 지금까지 그랬던 것처럼 고린도 교회에서는 지원을 받지 않겠다고 말한다. 왜 그랬을까? **기회를 찾는 자들이 그 자랑하는 일로 우리와 같이 인정받으려는 그 기회를 끊으려 함이라.** 고린도에 가만히 들어온 거짓 선생들이 있는데 그들은 그럴듯한 말과 그럴듯한 이적 등으로 사람들을 유혹하였다. 그런데 그들이 결코 따라올 수 없는 것이 있으니 '돈으로부터 자유'다. 그들은 그러한 일을 자신들의 이익을 위해 하였다. 자신들의 이익을 다른 좋은 말로 포장할 수 있었다. 그런데 돈이 없으면 자신들의 이익을 얻을 수 없으니 돈 없는 것에 대해서만은 참을 수 없었다. 그래서 오히려 돈을 받지 않은 바울이 잘못이라고 역공하였던 것이다. 바울은 그들의 약점이 돈이라는 것을 알았기 때문에 돈이라는 차별성을 통해 그들의 가르침이 실제로는 거짓이라는 것을 드러내고자 하였던 것이다.

11:15 사탄의 일꾼들도 자기를 의의 일꾼으로 가장하는 것이 또한 대단한 일이 아니니라. 사탄의 일꾼이 의의 일꾼인 것처럼 사람들을 속이는 것은 아주 쉽다는 말이다. 그런데 그들의 '행위'는 감출 수 없다. 특히 돈의 문제에서 그렇다. **그들의 마지막은 그 행위대로 되리라.** 그들은 행위를 감출 수 없고 결국 그들의 화려한 말이 아니라 행위대로

심판을 받을 것이다. 그러기에 그들의 화려한 말에 속지 말아야 한다고 말한다.

11:18 육신을 따라 자랑하니 나도 자랑하겠노라. 육신을 따라 자랑하는 잘못된 리더십에 교회가 흔들리고 있었다. 그들의 리더십은 힘과 화려함을 갖추고 있었다. '육신을 따른' 세상적인 힘을 가지고 있었기 때문이다.

11:19 지혜로운 자로서 어리석은 자들을 기쁘게 용납하는구나. 바울은 풍자적으로 말하였다. 거짓 선생들의 자랑은 지극히 세상적인 것으로서 신앙의 관점으로 보면 어리석은 것인데 그것을 대단한 것처럼 여기고 좋아가고 있는 것의 문제점을 지적한다.

11:20 너희를 종으로 삼거나. 그들은 고린도 교회 위에 군림하였다. 자신들이 상전이고 교인을 종처럼 부려먹었다. 그런데 그들의 그러한 카리스마와 힘이 일부 사람들에게 먹혔다. 교인들이 더 쩔쩔매면서 순종하였다. **잡아먹거나 빼앗거나.** 거짓 선생들의 가장 큰 특징은 돈을 좋아하는 것이다. 그들은 경제적으로 교인들을 착취하였다. 그것을 '잡아먹는다'라고 표현하고 있다. '빼앗거나'라고 말한다. 교인들을 통해 자신들의 이익을 채웠다. **스스로 높이거나.** 그들은 스스로를 높였다. 오늘날 표현으로 하면 '종님'이 되었다. 그들은 위에서 군림하였다. **뺨을 칠지라도.** 진짜 그랬을까 싶을 정도로 놀라운 표현이다. 거짓 선생들 중에는 교인들의 뺨을 때리는 사람도 있었던 것 같다. 그런데도 그 권위에 눌려서 오히려 더 복종하는 사람들이 있었던 것으로 보인다. 오늘날에도 이단이나 이상한 교회에서 그렇게 교인들을 향해 폭행과 폭언을 하는 경우가 있다. 그렇게 군림하는 권위는 악한 것이다. 그런데 고린도 교회 일부에서 오히려 더 권위있는 것처럼 여겨졌다.

11:21 "부끄럽게도 나는 너무 약해서 그런 짓까지는 하지 못했습니다. 그러나 누가 무슨 자랑을 한다면 나도 그와 똑같은 자랑을 해보겠습니다.

이것은 물론 내가 어리석은 사람이라 치고 하는 말입니다." (고후 11:21 공동번역) 바울은 자신이 거짓 선생들처럼 그렇게 악한 짓을 하지는 않았지만 그들이 그런 권위를 주장하는 근거(자랑)에 대해서는 자신도 말해 보겠다고 말한다.

11:22 그들이 히브리인이냐 나도 그러하며. 헬라인의 가장 약점이 그들이 혈통적으로 유대인이 아니라는 사실이었다. 사실 그것이 지금은 아무 의미도 없으나 어떤 사람들은 그것에 약하였다. 거짓 선생들은 자신들이 히브리인이라는 혈통을 가진 것으로 가지고 자랑하며 군림하였던 것으로 보인다. 그래서 바울은 '너희 중에 약자로 살았던 나도 히브리인이다'라고 말하는 것이다. '이스라엘'이나 '아브라함의 후손'도 그러하다. 그들의 자랑하는 근거들에 있어 바울이 부족한 것이 하나도 없었다.

11:23 그리스도의 일꾼이냐. 그들은 자신들이 마치 하나님의 사신인 것처럼 주장하였다. 그러나 하나님께서 보내신 사람이라면 하나님의 종으로서 일을 해야 한다. **정신없는 말을 하거니와.** 종이 일을 하고 '무익하다'라고 말을 해야 하는데 자랑하는 것이 어리석은 말인 줄 알기 때문에 '정신없는 말'이라고 전제한다. 그런데 그러한 것에 고린도 교인이 농락당하고 있기에 바울은 자신이 그리스도의 일꾼이요 종으로서 행한 일을 나열하였다. **수고를 넘치도록 하고 옥에 갇히기도 더 많이 하고 매도 수 없이 맞고 여러 번 죽을 뻔하였으니.** 수많은 어려움과 위험과 고난을 이야기한다. 이 많은 수고와 고난을 거짓 선생들이 하였을까? 아니다. 그들은 그리스도의 일꾼이라고 하면서 그리스도의 일꾼으로서 고생되는 일은 하지 않고 오직 자신을 위해 일하였다.

11:30 내가 약한 것을 자랑하리라. 그가 혈통이 좋은 것이나 그리스도를 위해 일하다가 승리한 무용담이 아니라 자신이 '도망'갔던 일을 말한다. 다메섹에서 있었던 일로 간신히 도망에 성공했던 이야기다. 그 안에는 어떤 멋있는 이야기가 없다. 심지어는 어떤 고생도 없다. 그는 없고 오직 하나님의 은혜만 드러나는 일이다. 신앙인의 자랑은 그리스도다. 자신이

드러나는 것이 아니라 그리스도가 드러나는 것이다. 그리스도가 드러날 때만 신앙의 강함이 있다.

12 장

12:1 무익하나마 내가 부득불 자랑하노니. 자신의 환상에 대한 이야기가 사람에게 자랑으로 들릴 수 있을 것이다. 사실은 자랑이 아닌데 이렇게 말해야 하는 상황이 되었다. 거짓 선생들이 자신들이 경험한 '환상'으로 바울의 사도권을 무시하려는 경향이 있었기 때문이다. 그래서 바울은 14 년 전에 경험하였지만 한 번도 말하지 않았던 일을 말하게 되었다.

12:2 내가 그리스도 안에 있는 한 사람을 아노니. 자신의 이야기가 분명한데 이것마저 3 인칭으로 누군가의 이야기처럼 말한다. **셋째 하늘에 이끌려 간 자**. 셋째 하늘은 눈에 보이는 하늘이 아닌 '낙원'을 지칭하기 위해 사용한 단어다. 죽은 자들의 영이 임시로 가는 곳이다.

12:4 말로 표현할 수 없는 말을 들었으니. 바울은 낙원에서 놀라운 것을 들었다. 그런데 더이상 설명하지 않았다. 매우 흥미로운 이야기가 더해질 수 있을 것 같은데 멈춘다.

12:6 누가 나를 보는 바와 내게 듣는 바에 지나치게 생각할까 두려워하여 그만두노라. 그가 말하는 환상은 거짓이 아니라 사실이다. 그러나 그것을 말하는 것에 조심하였다. 환상 체험 때문에 사람들이 바울을 더 신령하게 여길까 봐 멈춘다고 말한다. 바울은 환상 이야기를 통해 '자신들이 경험한 환상이 전부이고 더 신령하다고 주장하는 사람들이 잘못이라는 것을 말하는 것' 이상으로 자신의 환상 체험을 더 설명하고자 하지 않았다.

오늘날 낙원 체험에 대해 말하는 사람들이 있다. 그런데 주로 지극히 물질적이다. 사실 성경에서 말하는 '하늘의 집'은 주로 '하나님 나라'를 의미한다. 공간적 하늘이 아니라 예수님의 재림 후의 하나님 나라를 의미한다. 낙원은 영혼만 있는 곳이고 진정한 하늘은 예수님의 재림 이후 지금 이 땅이 새하늘과 새 땅이 되어 살아갈 영원한 나라를 의미한다. 그런데 낙원 체험을 한 사람들 이야기를 들어보면 마치 그곳이 천국의 전부인 것처럼 말한다. 낙원 체험에 대해 우리는 성경 이상의 것을 말할 필요가 없다. 낙원은 임시적인 곳이요 지금 보고 있는 하늘과 땅이 새롭게 되어 부활하여 살아갈 영원한 곳이다.

12:7 여러 계시를 받은 것이 지극히 크므로 자만하지 않게 하시려고. 바울의 환상과 육체의 가시 사이에 시간의 차이가 얼마인지를 모르겠다. 그러나 바울은 육체의 가시를 자신이 교만하지 않게 하시기 위해 하나님께서 주신 것이라 말한다. 자만은 참으로 위험한 적이다. 바울 같은 신앙인도 자만하지 않기 위해서는 '육체의 가시'가 필요하였음을 볼 수 있다. 육체의 가시를 통해서라도 바울의 자만을 꺾는 것이 더 유익하다는 것을 말한다. 자만이 얼마나 위험하면 그렇겠는가? 오늘날 많은 사람들이 자신들의 환상으로 인하여 자만하다. 그래서 넘어진다.

12:9 내 은혜가 네게 족하도다. 바울은 갑자기 생긴 자신의 육체의 가시 때문에 치료를 위해 깊이 기도하였다. 그런데 하나님께서 '은혜가 족하도다'라고 말씀하셨다. 육체의 가시 가운데 있기 때문에 하나님의 치료하시는 은혜가 더 필요한 것 같았는데 하나님께서는 그러한 은혜는 필요 없고 현재 상태로 충분하다고 말씀하셨다. 현재 바울에게 필요한 하나님의 은혜가 충분히 있다고 말씀하신 것이다. 다른 은혜가 더 필요 없다고 말씀하셨다. **내 능력이 약한 데서 온전하여짐이라.** 바울이 지금 육체의 가시 때문에 많이 약한 모습이다. 그런데 그렇게 약하기 때문에 하나님의 능력이 더 드러난다고 말한다. **나의 여러 약한 것들에 대하여 자랑하리니 이는 그리스도의 능력이 내게 머물게 하려 함이라.** 바울은

이전에는 분명 육체의 가시가 너무 힘들었다. 그러나 하나님의 말씀을 통해 자신이 약할 때 주님이 더 드러나신다는 것을 듣고 나서는 육체의 가시를 잊었다. 자신이 조금 더 힘들어서 하나님의 능력이 더 드러난다면 그것은 좋은 일이요 은혜이기 때문이다. 그래서 오히려 자신의 약함을 자랑한다고 말한다. 자신의 약함이 좋아서 가 아니라 하나님의 능력이 드러나는 통로가 되기 때문이다.

12:10 그리스도를 위하여 약한 것들과 능욕과 궁핍...기뻐하노니...내가 약한 그 때에 강함이라. 내가 약한 것이 있으면 '그리스도를 위하여 약한 것'이 되게 하라. 그것이 그리스도를 위한 것이 되게 하는 방법은 낮아지면 된다. 그것 때문에 나는 낮아지고 그리스도께서 높아지면 된다. 나는 약하나 그리스도께서 일하셔서 '강함'이 되는 것을 경험하게 된다면 더욱더 내 안과 주변에 그리스도께서 더 드러나실 것이다. 약함 때문에 아파 울지 말고 약함 때문에 은혜에 감격하여 울게 되기를 원하라.

12:11 내가 어리석은 자가 되었으니. 고린도 교인들이 세상의 화려한 것을 좋아하고 그것에 속는 모습에 답답하여 거짓 선생과 비교하여 그들이 말하는 자랑거리에 대해 자신의 자랑거리를 늘어놓았다. 그런데 자랑거리의 결국은 '어리석음'이다. 그들의 자랑이 헛된 것처럼 바울의 자랑도 헛된 것이다. **너희가 억지로 시킨 것이니.** 바울이 그렇게 어리석은 자랑을 하게 된 것은 고린도 교인들을 위해 어쩔 수 없이 한 것이라고 말한다. 그들이 어리석은 자랑에 속기 때문에 속지 않도록 바울이 말한 것이다. **나는 너희에게 칭찬을 받아야 마땅하도다.** 바울이 어리석은 자랑을 이렇게 말을 해야만 아는 것이 아니라 말하지 않아도 바울이 이러한 것을 가지고 있으면서도 나타내지 않고 진정 약함 가운데 복음을 전하는 모습을 칭찬하는 것이 마땅한데 고린도 교인들이 그렇게 하지 않음으로 이런 어리석은 자랑 이야기를 길게 하게 된 것임을 말한다. 사실 고린도 교회가 그러했듯이 오늘날도 교회는 칭찬해야 할 사람을 잘 알아보지 못한다.

12:13 **내 자신이 너희에게 폐를 끼치지 아니한 일 밖에 다른 교회보다 부족하게 한 것이 무엇이 있느냐.** 바울은 고린도 교회를 위해 모든 헌신을 다하였다. 그런데 그들은 계속 오해하였다. **너희는 나의 이 공평하지 못한 것을 용서하라.** 그들은 바울이 다른 곳에서는 경제적 지원을 받고 공평하지 못하게도 고린도 교회에서 돈을 받지 않은 것을 가지고 또 비난하였다. 그래서 풍자적으로 그것에 대해 용서를 구한다.

12:14 **너희에게 폐를 끼치지 아니하리라.** 바울은 3번째 방문에서도 고린도 교회에 경제적 지원을 받지 않겠다고 말한다. **내가 구하는 것은 너희의 재물이 아니요 오직 너희니라.** 거짓 선생들은 사실 '재물'이 그들의 목적이었다. 바울은 그것에 대해 드러내 놓고 말한다. 그는 돈에 대한 욕심이 아니라 '영혼'에 대한 욕심이 있음을 말한다. **어린 아이가 부모를 위하여 재물을 저축하는 것이 아니요 부모가 어린 아이를 위하여 하느니라.** 바울은 고린도 교회가 자신을 위해 돈을 저축할 필요가 없다고 말한다. 오직 부모가 자식을 위하여 저축하듯이 자신이 저축하여 비용을 사용할 것이기 때문에 고린도 교회는 전혀 준비할 것이 없다고 말한다.

12:15 **너희 영혼을 위하여...재물을 사용하고 또 내 자신까지도 내어 주리니.** 바울은 그가 가진 모든 것을 고린도 교회를 위하여 사용하였고 자신까지도 내어 주었다 말한다. 그런데 돌아오는 것은 많은 오해였다. 그래서 반어법으로 물었다. **너희를 더욱 사랑할수록 나는 사랑을 덜 받겠느냐.** 사랑하여 많은 일을 하였다. 그런데 일을 하면 할수록 더 오해를 받았다. 그래서 덜 사랑을 받았다. 더 미움을 받았다.

12:16 **내가 너희에게 짐을 지우지는 아니하였을지라도 교활한 자가 되어 너희를 속임수로 취하였다.** 바울이 지금까지 돈을 받지 않은 것은 돈에 대한 욕심이 없어서가 아니라 교활해서 그렇다고 말하는 소문을 들었다. 바울이 결국은 '속임수'로 크게 취할 것이라고 말하였다. 아마

예루살렘 교회에 전하기로 되어 있는 돈을 가지고 바울이 속여서 취하는 것이라고 주장하는 사람들이 있었던 것 같다. 참으로 기막힌 이야기다.

12:17 내가 너희에게 보낸 자 중에...너희의 이득을 취하더냐. 바울 일행 중 누구도 지금까지 고린도 교회에서 이득을 취하지 않았다. 그러면 바울이 그렇게 오랫동안 길게 보고 사기를 치고 있다는 것인데 그것이 가능한 것인지 물었다.

12:19 우리는 그리스도 안에서 하나님 앞에 말하노라. 바울은 '변명'을 하고 있는 것이 아님을 말한다. 자신을 위해 변명하는 것은 의미가 없기 때문이다. 변명을 위한 것이라면 하지 않아도 되는 것이 하나님 앞에서 인정을 받고 있다는 것을 잘 알기 때문이다. 그런데도 불구하고 이렇게 구차하게 말하는 것은 무엇 때문일까? **이 모든 것은 너희의 덕을 세우기 위함이니라.** 고린도 교인들이 세워지도록 하기 위해 이렇게 길게 말하고 있다. 구차하게 변명처럼 보이는 말을 하고 있다. 또 다시 고린도 교회를 방문할 것이다. 그것도 돈을 전혀 받지 않고 오직 방문만 할 것이다. 오직 고린도 교회가 바로 세워지도록 하기 위함이다.

12:20 너희를 내가 원하는 것과 같이 보지 못하고...내가 너희가 원하지 않는 것과 같이 보일까 두려워하며. 바울은 두번째 방문했던 때처럼 고린도 교인들이 거룩을 이루지 못하여 서로 괴로웠던 때를 상기하였다. 거룩은 무엇보다 중요하다. **다툼과 시기와 분냄과 당 짓는 것과 비방과 수군거림과 거만함과 혼란이 있을까 두려워하고.** '돈을 받고 말고'가 중요한 것이 아니다. 바울은 거짓 선생들을 시기하여 말하는 것도 아니다. 교회의 교회다움은 말씀을 따라 사는 것에 있다. 오해의 문제들을 넘어 말씀을 따라 사는 삶이 중요하다. 오해하고 시기하는 것은 한이 없다. 만들려고 하면 수없이 만들어진다. 깨끗한 바울을 오해한 것을 보아도 알 수 있다. 그러기에 그러한 오해가 아니라 거룩에 초점을 맞추어야 한다.

구원은 '오해가 있다고 못 얻고 오해가 없다고 얻는 것'이 아니라 믿음과 거룩이 있어야 한다.

13 장

13:2 전에 죄 지은 자들과 그 남은 모든 사람에게 미리 말하노니 내가 다시 가면 용서하지 아니하리라. 매우 강한 경고다. 교회 안에 있는 죄에 대해 결코 용서하지 않을 것이니 바울이 고린도 교회에 방문하기 전에 죄 문제를 해결하라고 말한다.

13:4 그리스도께서 약하심으로 십자가에 못 박히셨으나...우리도 그 안에서 약하나. 그리스도께서 그 백성을 구하시기 위해 스스로 낮아지셨다. 바울도 그것을 따라 고린도 교인들을 대할 때 약한 자의 모습으로 대하였다. 그러나 죄 문제에 대해서는 다를 것이라 말한다. **하나님의 능력으로 살아 계시니...하나님의 능력으로 그와 함께 살리라.** 예수님께서 십자가에 못 박히신 것은 죄 문제를 해결하시기 위해서다. 그런데 여전히 죄 가운데 살고 있다면 그것은 아주 큰 잘못이다. 그래서 부활하신 그 능력으로 그 사람들을 가만히 두지 않으실 것이다. 주님 재림하시면 더욱더 그러할 것이다. 그러니 바울은 그들의 죄를 예수님의 크신 능력으로 그들을 엄히 다루겠다고 말하고 있다.

13:5 너희는 믿음 안에 있는가 너희 자신을 시험하고 너희 자신을 확증하라. 자기 자신이 진정 하나님을 믿는 사람인가를 시험해 보라고 말한다. 자신에게 어떤 죄가 있는지를 살펴보라는 말이다. **예수 그리스도께서 너희 안에 계신 줄을 너희가 스스로 알지 못하느냐.** 이것은 윤리적 명령이다. 그리스도를 믿는다면 그리스도께서 그 사람 안에 살고 있는 사람이다. 그리스도께서 사시면서 어떤 변화를 일으켰는지를 볼 수

있어야 한다. 거룩하신 그리스도께서 내 안에 계시면 무엇보다 거룩해진다. 죄 사함을 받았으니 더 이상 죄의 종이 아니며 죄를 멀리한다. 죄와 싸우는 삶을 산다. 사람들은 아직 나의 변화를 알아차리지 못해도 자기 자신은 그리스도로 인하여 변화된 자기 자신을 볼 수 있어야 한다. 더 나아가 자신을 존경할 수 있어야 한다.

13:7 너희로 악을 조금도 행하지 않게 하시기를...너희는 선을 행하게 하고자 함이라. 바울은 고린도 교인들이 악을 넘어 선을 행하기를 원하였다. 그것이 중요하다. 무엇이 '악'이고 무엇이 '선'일까? 이 세상은 세상에서 잘 사는 것이 선인 것처럼 말한다. 세상에서 인정받으면 선이다. 어제나 오늘이나 늘 돈이 있으면 선이고 힘이 있으면 선이다. 그러나 그것은 세상의 판단일 뿐이다. 세상을 창조하셨으며 판단하시는 하나님께서 보시는 선이 무엇인지를 알아야 한다. 고린도 교인들이 세상적인 판단에 의해 성공주의 판단과 화려함과 힘을 선으로 판단하는 것을 책망한다. 그러한 악을 버려야 한다. 사람은 사람다운 삶을 살아야 한다. 사람다움의 가장 큰 것은 하나님의 형상이며 영원한 존재의 모습이다. 세상의 어설픈 힘과 기쁨과 화려함이 아니라 하나님의 말씀을 따라 사는 선한 삶을 살아야 한다.

13:9 너희가 온전하게 되는 것이라. '온전'으로 번역한 단어는 '회복' '순비' '교육' '완전' 등으로 번역하는 던이다. 이미 바울은 이곳에서 이전에 문제가 있었던 고린도 교인이 그 죄에서 벗어나는 회복을 생각하며 이 단어를 사용하는 것 같다. 과거의 죄에서 회복되어 온전해져야 한다. 사람들은 늘 문제가 있다. 부족함이 있다. 특별한 어떤 문제를 가지고 있기도 하다. 그런데 많은 사람이 문제가 드러났을 때 견디지를 못한다. 부끄러워 견디지 못하고 자신의 성질을 이기지 못하여 견디지 못하기도 한다. 그러나 이겨야 한다. 과거의 문제를 넘어 회복되어야 한다.
이 세상은 우리의 '온전' 즉 회복을 위해 존재한다. 창조된 하나님의 형상을 회복해야 한다. 지금 우리는 찌그러진 하나님 형상을 가지고 있다.

이 형상이 회복되어야 한다. 회복은 많은 경우 '문제'라는 얼굴로 다가올 것이다. 문제는 내 안이 찌그러져 있고 세상이 찌그러져 있기 때문에 생긴다. 문제를 만나 포기하거나 도망가지 말고 그것을 넘어 회복이 되게 하라.

13:11 형제들아 기뻐하라 온전하게 되며. 바울이 '형제들아'라고 말하는 것은 믿음의 사람들을 부르는 말이다. 믿음의 사람들은 이 세상 사람들과 다르다. 세상 사람들은 이 세상이 전부라고 생각하고 있기에 어찌하든 이 세상에서 편안하게 살고자 한다. 그러나 믿음의 사람들은 오는 세상이 있음을 안다. 그 세상에서 영원한 생명을 누리는 삶이 있음을 안다. 그래서 그 세상을 준비하는 삶을 사는 사람들이다. **온전하게 되며.** 9절에서 나온 '온전'과 같은 단어다. 이 세상의 죄에서 회복되어야 한다. 이 세상에 매인 것에서 회복되어야 한다. 육정과 유명해지고 싶은 마음 등을 이기고 오는 세상의 거룩과 그 세상에서 유명함을 추구해야 한다. 이 일을 위해 믿음의 사람들이 서로 위로하며 격려하고 마음을 같이 하여 그 길을 가야 한다. 세상 사람들은 모르지만 믿음의 사람들은 그것을 알기 때문이다.